AMIGURUMI
FÜR PAW PATROL-FANS

Heldenhafte Hunde und
ihre Freunde häkeln

Sonja Herberhold

CV

Inhalt

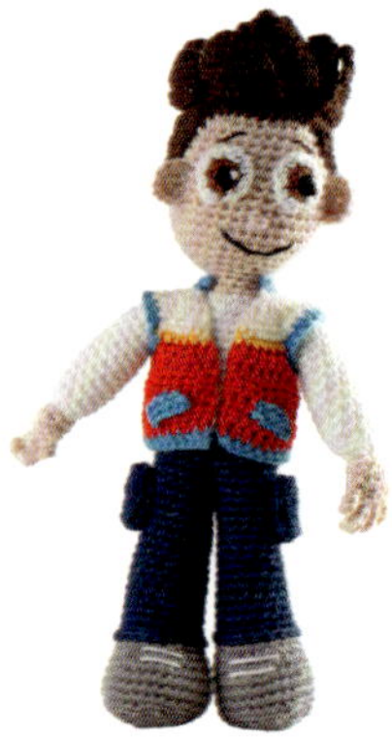

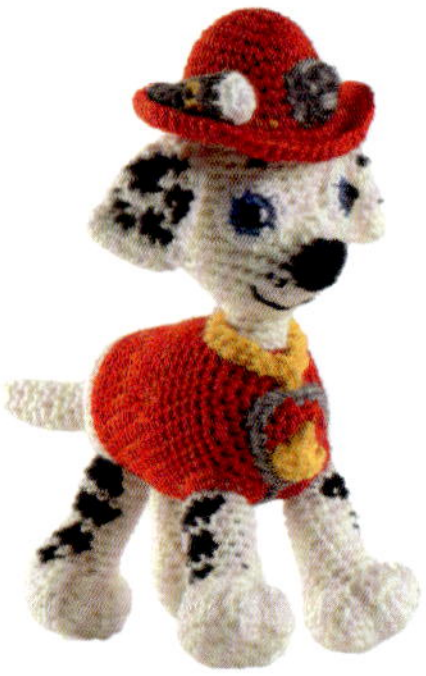

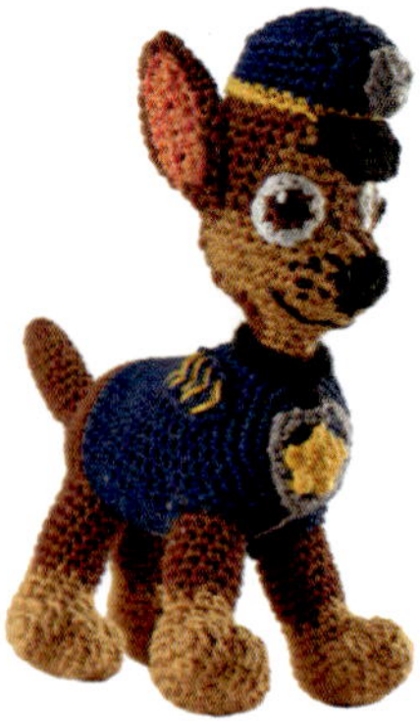

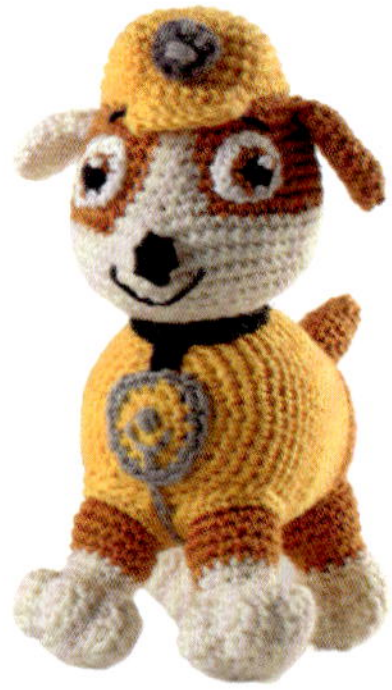

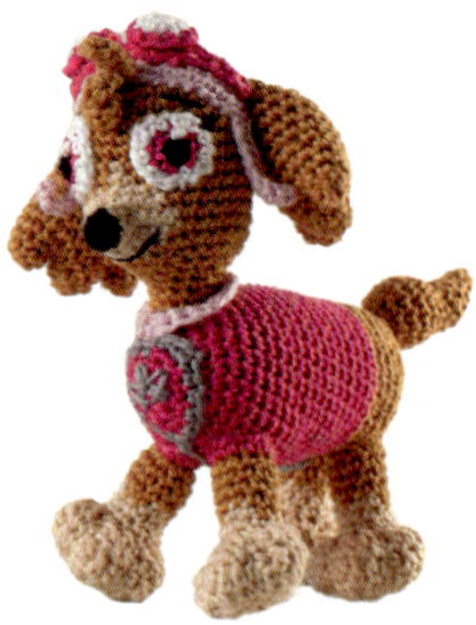

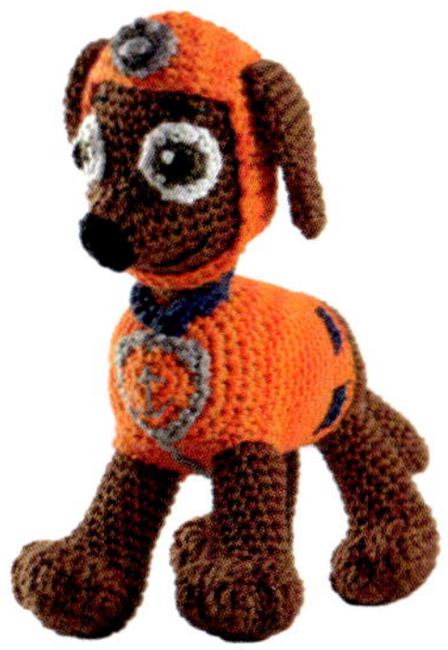

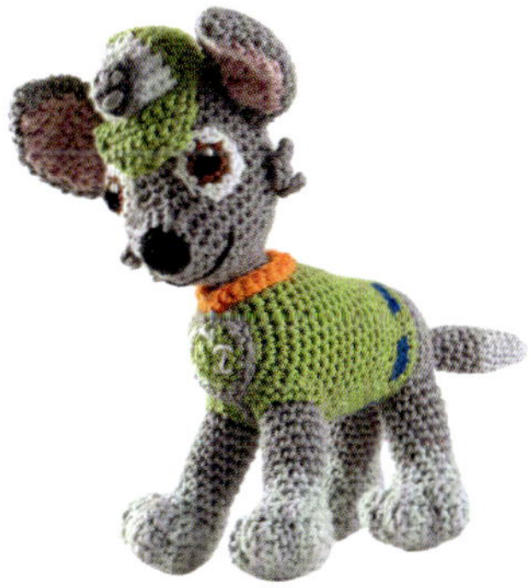

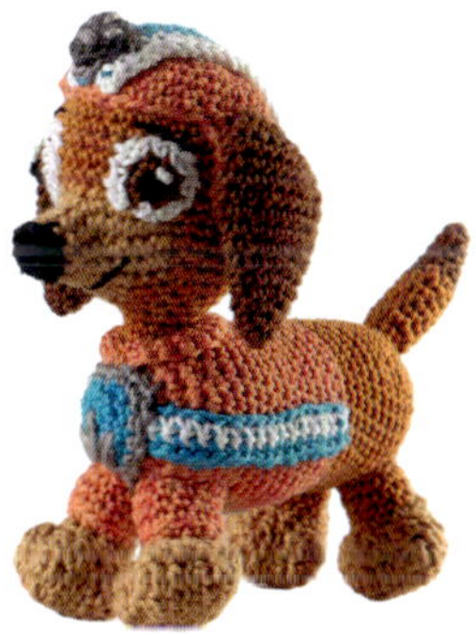

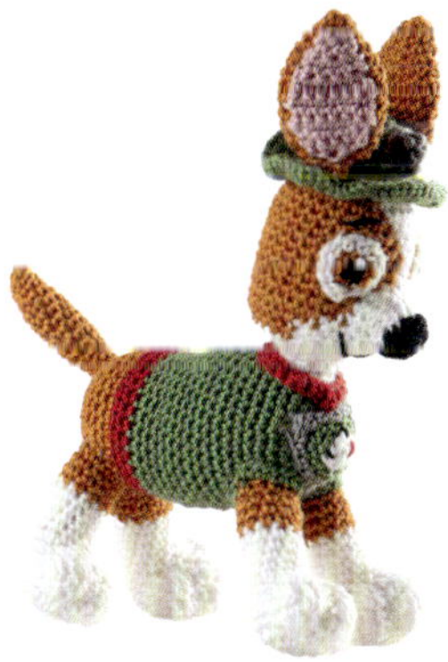

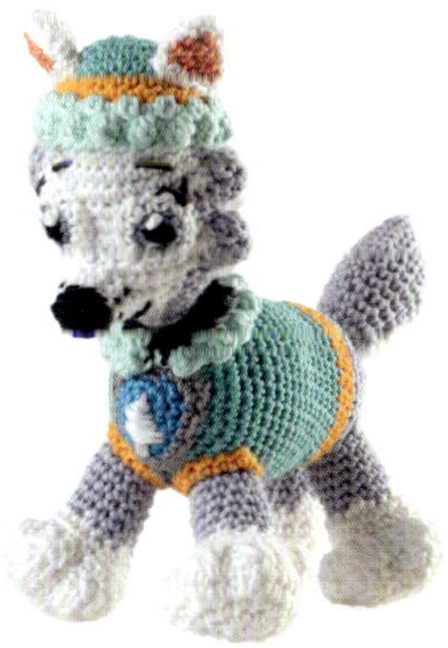

Vorwort

Hallo Fellfreunde-Fans!

Seit ich mit dem Häkeln der süßen Hunde-Figuren angefangen habe, ist mir immer öfter aufgefallen, wie bekannt diese kleinen Hunde bereits sind. Es reicht von Shampoo-Flaschen und Spielfiguren im Supermarkt bis hin zu riesigen Plüschhunden als Hauptgewinn am Rostocker Weihnachtsmarkt.
Und doch haben meine gehäkelten Figuren etwas Besonderes: sie werden alle von Hand gearbeitet und sind so viel persönlicher als jeder noch so große gekaufte Hund.

Zudem gibt es beim Häkeln immer die wunderbare Möglichkeit, die Figuren nach den eigenen Vorstellungen anzupassen. Egal ob für Freunde, Familie, Kinder, Erwachsene oder auch einfach einen selbst, ob zur Hochzeit, zu Weihnachten, zum Geburtstag oder auch ohne besonderen Anlass, selbst gehäkelte Figuren bereiten immer Freude (da spreche ich aus eigener Erfahrung!).

In diesem Buch finden sich zehn Anleitungen der beliebten Helden, aber auch ein paar der Aushilfen auf vier Pfoten, sodass die Lieblingsfigur garantiert dabei ist. Alle Figuren haben sogar mit dünnem Garn eine ideale Größe, um mit ihnen zu spielen und sie zu kuscheln, und je nach Garn kann der Kuschelfaktor natürlich auch noch erhöht werden.

Viel Spaß beim Häkeln!

Schere

Keine explizite Garnschere nötig, auch eine einfache Bastelschere erfüllt ihren Zweck.

Füllwatte

Persönlich bevorzuge ich waschbare Kissenfüllwatte, aber auch hier gibt es verschiedenste Alternativen.

Folgende Arbeitsmittel sind nicht zwingend notwendig, helfen aber, das Häkeln zu erleichtern:

Maschenmarkierer

Das Nutzen eines Maschenmarkierers würde ich stark empfehlen, um den Überblick über die Runden zu behalten. Ich persönlich nutze einfach einen kurzen Faden, um die erste Masche der Runde zu markieren. Beim Häkeln in Reihen benutze ich meist keinen Maschenmarkierer, bei mehreren gleichen Reihen erleichtert er aber auch hier die Zählarbeit.

Reihen-/Rundenzähler

Reihen-/Rundenzähler würde ich vor allem bei mehr als drei Runden/Reihen empfehlen, alternativ funktioniert natürlich auch eine Strichliste oder den Maschenmarkierer einfach im Häkelstück zu lassen und von diesem ausgehend die Runden zu zählen.

Stecknadeln

Diese sind besonders hilfreich, um beim Annähen eines Teils dieses an der gewünschten Stelle festzupinnen, damit das fertig angenähte Teil am Schluss nicht anders aussieht als geplant.

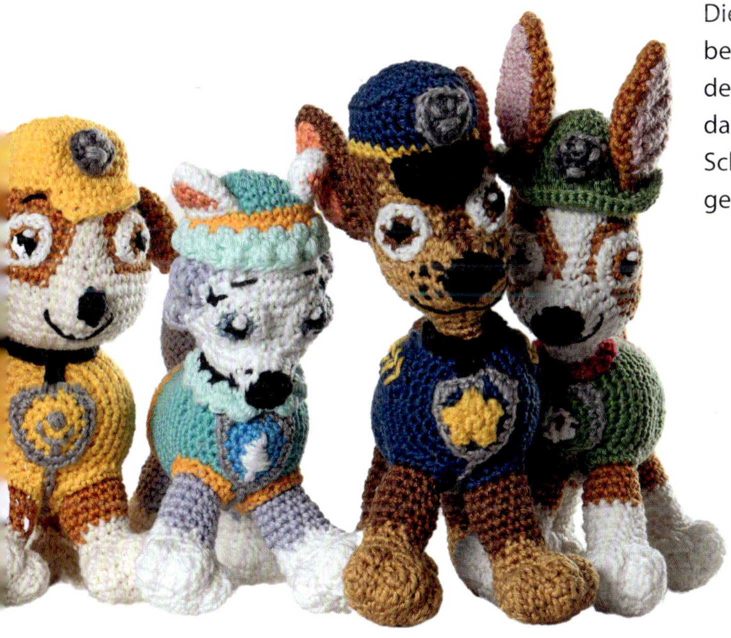

Kleine Helden ganz groß!

Dass die süßen Hunde durch ihre Hilfsbereitschaft eigentlich ganz große Helden sind, das weiß jeder Fan der kuscheligen Bande. Warum die Fellfreunde also nicht in klein UND groß häkeln? Ganz wunderbar geht das nämlich mit der myboshi No. 1 Wolle, einem pflegeleichten und hochwertigen Garn. So entstehen passend zu den kleinen Hunden in klassischer Amigurumi-Größe auch noch die großen Pendants dazu – für noch größeren Kuschel-Spaß!

Die Garn-Angaben für den niedlichen Anführer der Bande (S. 10), die Bulldogge (S. 21), den Dalmatiner (S. 28), den Schäferhund (S. 36) und das Cockapoo-Mädchen (S. 44) finden sich jeweils auf den Modell-Seiten.

Das ist myboshi

Myboshi ist seit 2009 einer der führenden Anbieter für Wolle, DIY-Sets, Handarbeitsanleitungen und Zubehör in der DACH-Region und DIY-Zentrale für frische Handarbeitsideen aus allen Lebensbereichen. Gegründet im Jahr 2009 von den beiden Freunden Thomas und Felix, startete das Unternehmen ursprünglich mit der Fertigung von handgemachten Häkelmützen (aus dem japanischen „bōshi" für „Mütze").

Im Laufe der Jahre hat sich myboshi zu einer bekannten Marke in der Handarbeitsbranche entwickelt und stetig das Sortiment um innovative Handarbeitsgarne mit dem gewissen Etwas erweitert. Heute liegt der Fokus nicht mehr auf den Mützen, sondern auf Wolle, Zubehör und Handarbeits-Sets, mit denen auch Anfänger einfach den Einstieg ins Handarbeiten finden. myboshi hat es somit geschafft, eine lebendige Community aufzubauen und Menschen zu inspirieren, ihre eigenen kreativen Ideen umzusetzen.

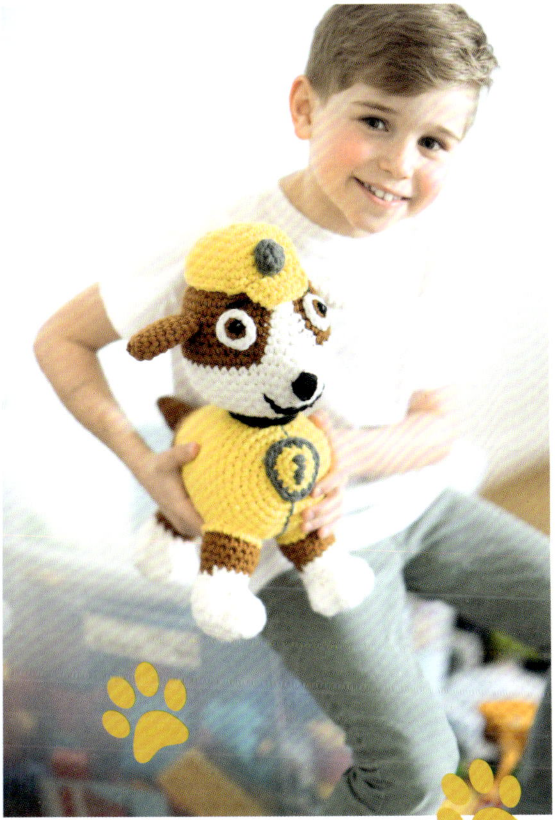
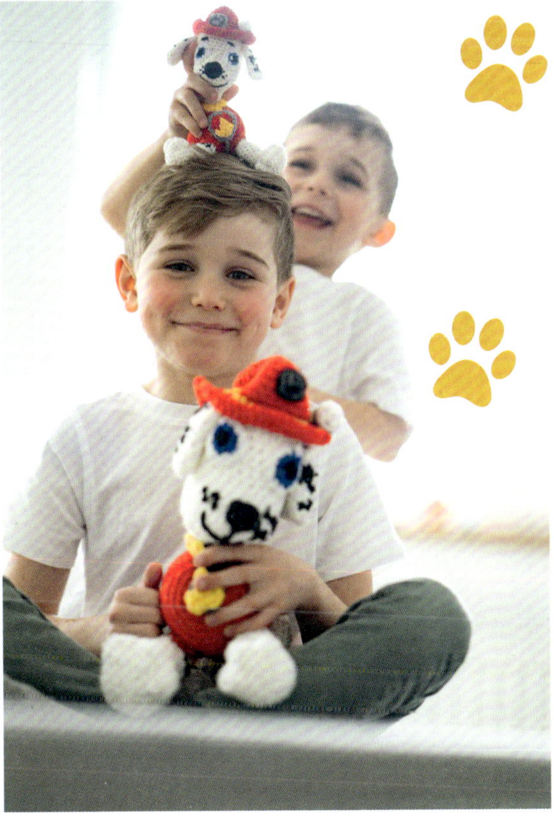
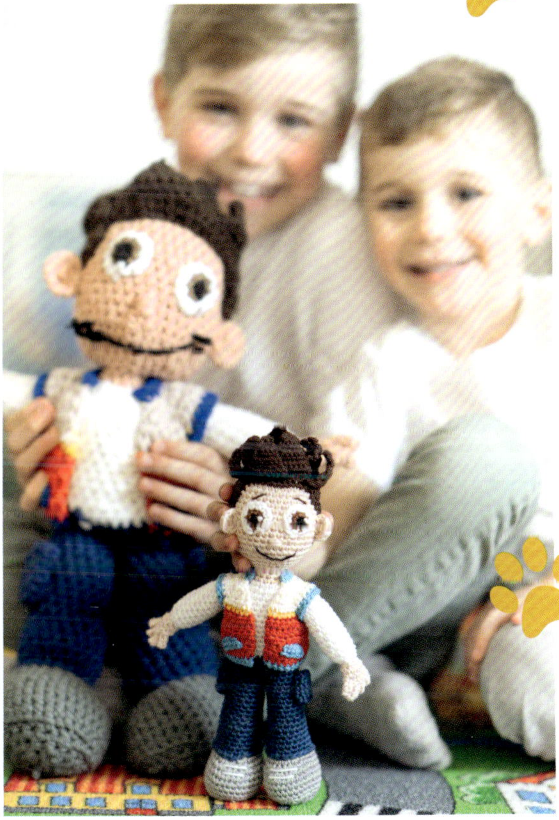
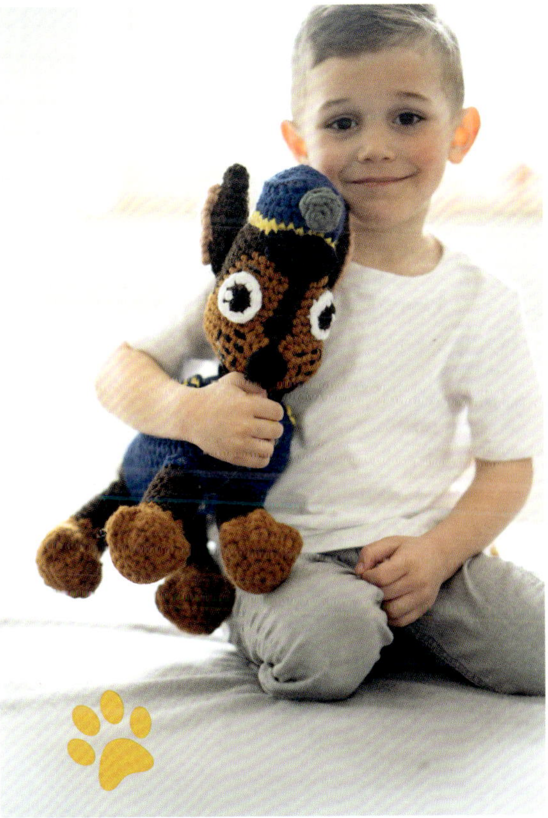

Der Anführer

Größe: ca. 25 cm hoch

Mit viel Freude führt er seine Fellfreunde durch jede noch so knifflige Mission. Er ist mutig, hat ein großes Herz und immer alles im Griff.

Wir benötigen

- Schachenmayr Catania (100 % Baumwolle, Lauflänge ca. 125 m/50 g)
- in den Farben: Soft Apricot (Fb 00263), Weiß (Fb 00106), Jeans (Fb 00164), Rauchgrau (Fb 00435), Kaffee (Fb 00162), Schwarz (Fb 00110), Marone (Fb 00157), Capri (Fb 00384), Signalrot (Fb 00115), Sonne (Fb 00208) und Natur (Fb 00105),
- alternativ: anderes Garn in Beige, Weiß, Dunkelblau, Grau, Dunkelbraun, Schwarz, Braun, Hellblau, Rot, Gelb und Crèmeweiß
- Häkelnadel Nr. 2,5–3,5 mm
- Füllwatte zum Ausstopfen
- Schere, Nähnadel
- optional Maschenmarkierer und Stecknadeln

Für eine große Figur:

- myboshi No. 1 (Lauflänge ca. 55 m/50g): 100g in den Farben Puder, Weiß, Marine; 50g in Titangrau, Kakao, Schwarz, Ocker, Saphir, Signalrot, Löwenzahn
- Häkelnadel Nr. 6,0 mm
- Füllwatte zum Ausstopfen

Anleitung

Kopf, Körper, Beine und Schuhe

Einen Fadenring in Soft Apricot legen und in Spiralrunden fM häkeln.

1. Rd: 6 fM in den Fadenring
2. Rd: Jede M verd = 12 M
3. Rd: Jede 2. M verd = 18 M
4. Rd: Jede 3. M verd = 24 M
5. Rd: Jede 4. M verd = 30 M
6. Rd: (1 fM, 1 M verd, 3 fM) x6 = 36 M
7.–18. Rd: 36 fM (12 Runden)
19. Rd: Jede 5. und 6. M zus = 30 M
20. Rd: Jede 4. und 5. M zus = 24 M

Den Kopf mit Füllwatte ausstopfen.

21. Rd: Jede 3. und 4. M zus = 18 M
22. Rd: Jede 2. und 3. M zus = 12 M
23. und 24. Rd: 12 fM (2 Runden)
25. Rd: Jede 3. M verd = 16 M

Den Faden abschneiden. FW zu Weiß,

26. Rd: Jede 2. M verd = 24 M
27. Rd: Jede 4. M verd = 30 M
28.–39. Rd: 30 fM (12 Runden)

Den Faden abschneiden, FW zu Jeans,

40. Rd: 30 fM

Den Körper mit Füllwatte ausstopfen und das rechte Bein arbeiten.

41. Rd: Jede 4. und 5. M zus = 24 M
42. Rd: 12 fM, 4 LM, die nächsten 12 M überspringen

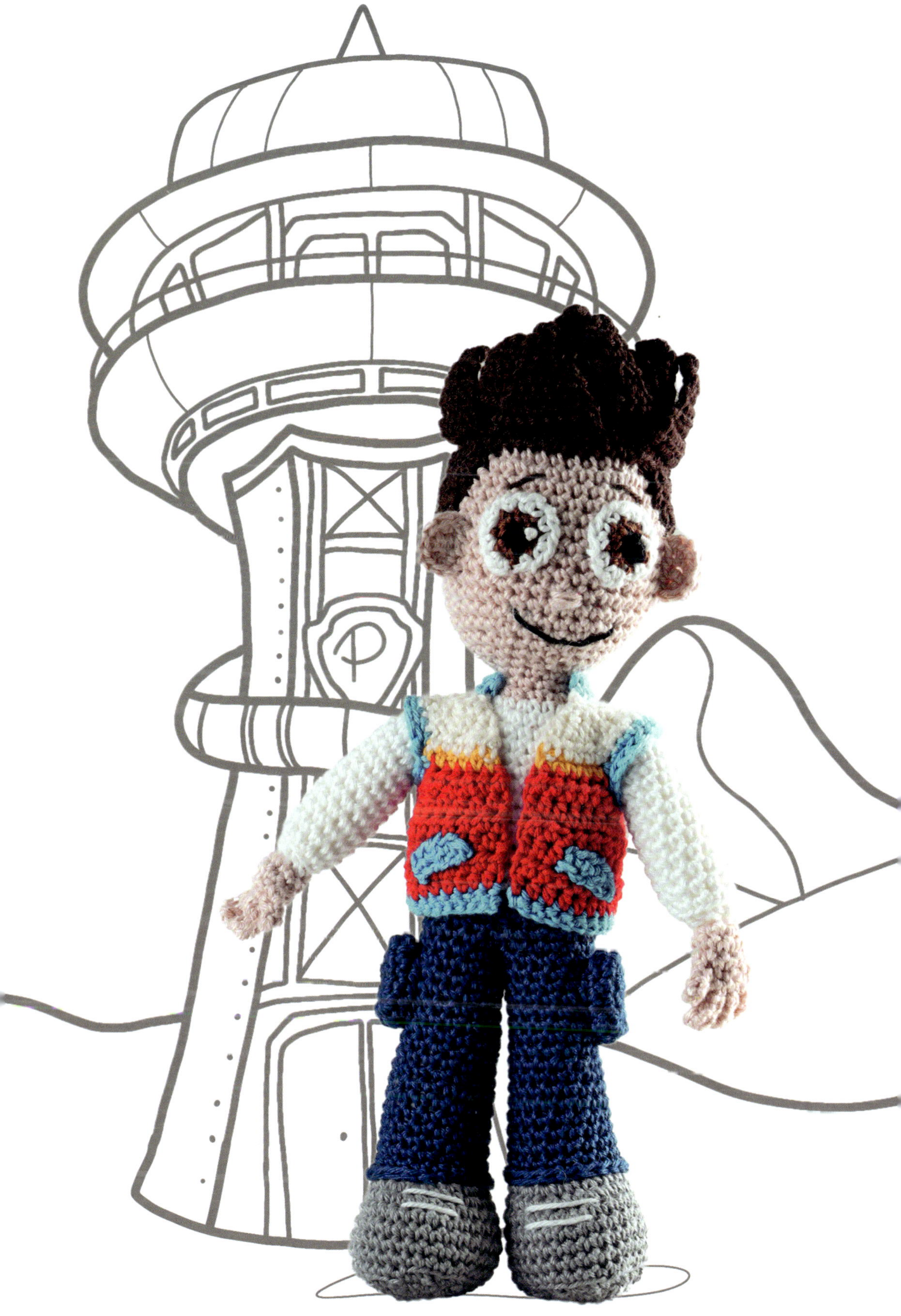

43. Rd: 1 fM in die erste M der 42. Rd, 11 fM, 4 fM entlang der LM-Kette = 16 M
Mit dieser neuen Runde wird nun das rechte Bein direkt an den Körper gehäkelt.
44.–53. Rd: 16 fM (10 Runden)
54. Rd: Jede 8. M verd = 18 M
55.–58. Rd: 18 fM (4 Runden)
59. Rd: (4 fM, 1 M verd, 4 fM) x2 = 20 M
Das Bein mit Füllwatte ausstopfen.
60. Rd: 20 fM
61. Rd: Nur in vordere Maschenglieder einstechen: 20 fM
Den Faden abschneiden. FW zu Rauchgrau und den rechten Schuh direkt an das Bein häkeln.
62. Rd: Nur in hintere Maschenglieder der 60. Rd häkeln: 20 fM
63. Rd: Wieder in beide Maschenglieder häkeln: 2 M verd, 16 fM, 2 M verd = 24 M
64. Rd: 1 M verd, 1 fM, 1 M verd, 18 fM, 1 M verd, 1 fM, 1 M verd = 28 M
65. Rd: 1 fM, 1 M verd, 24 fM, 1 M verd, 1 fM = 30 M
66.–69. Rd: 30 fM (4 Runden)
70. Rd: nur in hintere Maschenglieder einstechen = jede 2. und 3. M zus = 20 M
71. Rd: In beide Maschenglieder einstechen: Jede 3. und 4. M zus = 15 M
Den Schuh mit Füllwatte ausstopfen.
72. Rd: Jede 2. und 3. M zus = 10 M
73. Rd: Je 2 M zus = 5 M
Den Faden lang abschneiden und mit einer Wollnadel durch die Maschen der letzten Rd ziehen. Die Öffnung zusammenziehen, dabei eventuell noch etwas Füllwatte nachlegen. Den Faden vernähen.

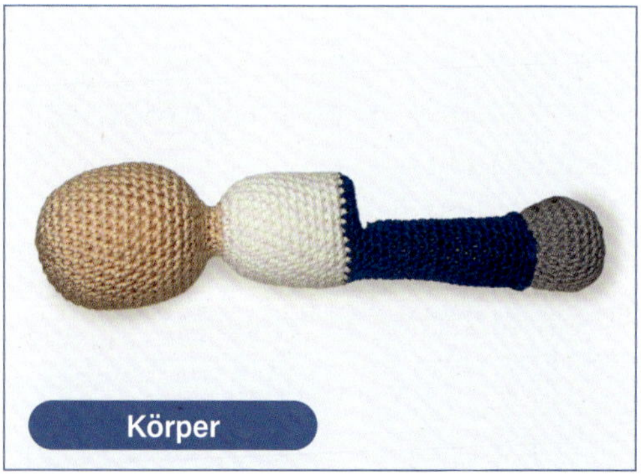
Körper

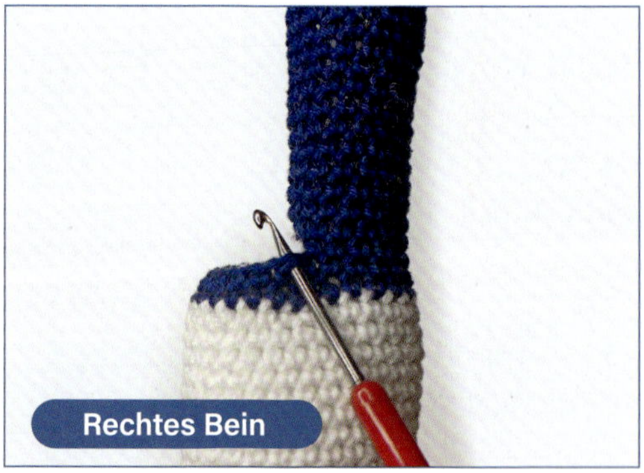
Rechtes Bein

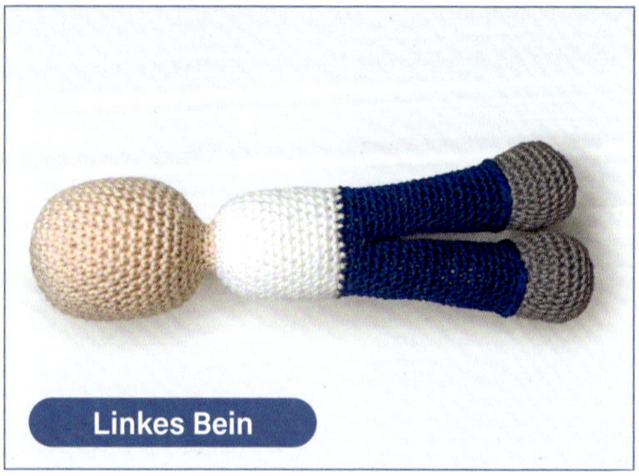
Linkes Bein

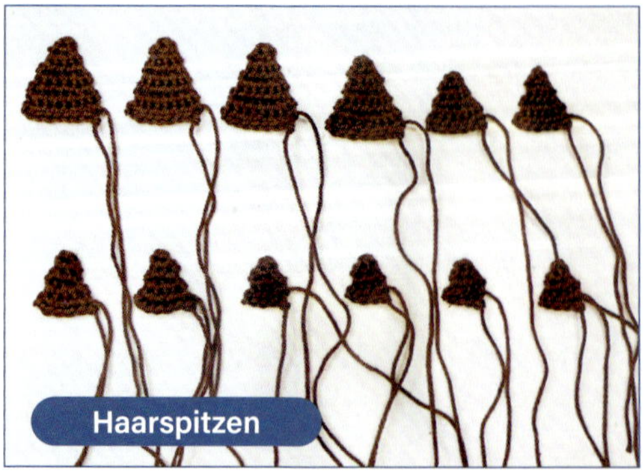
Haarspitzen

Linkes Bein

In der 13. M der 41. Rd des Körpers in Jeans neu anschlingen (= die erste übersprungene Masche der 42. Rd)

43. Rd: 12 fM in die zuvor übersprungenen Maschen, 4 fM entlang der LM-Kette = 16 M

Mit dieser neuen Runde wird nun das linke Bein direkt an den Körper gehäkelt.

44.–53. Rd: 16 fM (10 Runden)

54. Rd: Jede 8. M verd = 18 M

55.–58. Rd: 18 fM (4 Runden)

59. Rd: (4 fM, 1 M verd, 4 fM) x2 = 20 M

Das Bein mit Füllwatte ausstopfen.

60. Rd: 20 fM

61. Rd: Nur in vordere Maschenglieder einstechen: 20 fM

Den Faden abschneiden. FW zu Rauchgrau und den Schuh direkt an das Bein häkeln,

62. Rd: Nur in hintere Maschenglieder der 60. Rd häkeln: 20 fM

63. Rd: Wieder in beide Maschenglieder häkeln: 6 fM, 4 M verd, 10 fM = 24 M

64. Rd: 7 fM, 1 M verd, 1 fM, 2 M verd, 1 fM, 1 M verd, 11 fM = 28 M

65. Rd: 10 fM, 1 M verd, 2 fM, 1 M verd, 14 fM = 30 M

66.–69. Rd: 30 fM (4 Runden)

70. Rd: Nur in hintere Maschenglieder einstechen = Jede 2. und 3. M zus = 20 M

71. Rd: In beide Maschenglieder einstechen: Jede 3. und 4. M zus = 15 M

Den Schuh mit Füllwatte ausstopfen.

72. Rd: Jede 2. und 3. M zus = 10 M

73. Rd: Je 2 M zus = 5 M

Den Faden lang abschneiden und mit einer Wollnadel durch die Maschen der letzten Rd ziehen. Die Öffnung zusammenziehen, dabei eventuell noch etwas Füllwatte nachlegen. Den Faden vernähen.

Haare

Haarspitzen

Es werden insgesamt 12 Haarspitzen in 4 verschiedenen Längen gehäkelt. Dabei wie folgt vorgehen:

4x Haarspitze A: Der Anleitung bis einschließlich zur 4. Reihe folgen

2x Haarspitze B: Der Anleitung bis einschließlich zur 5. Reihe folgen

2x Haarspitze C: Der Anleitung bis einschließlich zur 6. Reihe folgen

4x Haarspitze D: Der Anleitung bis einschließlich zur 8. Reihe folgen

Nach der letzte Reihe die W-LM jeweils weglassen und direkt den Faden durchziehen und abschneiden.

Tipp: Am besten den Anfangsfaden direkt mit einhäkeln, so spart man sich später mühsames Vernähen :)

Anleitung Haarspitzen:

Einen Fadenring in Kaffee legen und in Reihen fM häkeln.

1. R: 2 fM in den Fadenring, W-LM
2. R: 2 fM, 1 W-LM
3. R: Jede M verd = 4 M, 1 W-LM
4. R: 4 fM, 1 W-LM
5. R: 1 M verd, 2 fM, 1 M verd = 6 M, 1 W-LM
6. R: 6 fM, 1 W-LM
7. R: 1 M verd, 4 fM, 1 M verd = 8 M, 1 W-LM
8. R: 8 fM

Den Faden abschneiden und durchziehen.

Haare

Einen Fadenring in Kaffee legen und in Spiralrunden fM häkeln.

1. Rd: 6 fM in den Fadenring

2. Rd: Jede M verd = 12 M

3. Rd: Jede 2. M verd = 18 M

4. Rd: 2 fM, 1 M verd, eine Haarspitze A vor das aktuelle Häkelstück legen und jeweils durch eine Masche der letzten Reihe der Haarspitze und die nächste Masche der Runde wie folgt zusammenhäkeln: 2 fM, 1 M verd, 1 fM, weiter entlang der Runde häkeln: 1 fM, 1 M verd, (2 fM, 1 M verd) x3 = 24 M

5. Rd: 2 fM, eine Haarspitze B vor das aktuelle Häkelstück legen und jeweils durch eine Masche der letzten Reihe der Haarspitze und die nächste Masche der Runde zusammenhäkeln: 1 fM, 1 M verd, 3 fM, 1 M verd, weiter entlang der Runde häkeln: 2 fM, eine Haarspitze A vor das aktuelle Häkelstück legen und jeweils durch eine Masche der letzten Reihe der Haarspitze und die nächste Masche der Runde zusammenhäkeln: 1 fM, 1 M verd, 2 fM, weiter entlang der Runde häkeln: 1 fM, 1 M verd, (3 fM, 1 M verd) x2 = 30 M

6. Rd: 1 fM, 1 M verd, 4 fM, eine Haarspitze A vor das aktuelle Häkelstück legen und jeweils durch eine Masche der letzten Reihe der Haarspitze und die nächste Masche der Runde zusammenhäkeln: 1 M verd, 3 fM, weiter entlang der Runde häkeln: (1 fM, 1 M verd, 3 fM) x4 = 36 M

7. Rd: 1 fM, eine Haarspitze A vor das aktuelle Häkelstück legen und jeweils durch eine Masche der letzten Reihe der Haarspitze und die nächste Masche der Runde zusammenhäkeln: 4 fM, weiter entlang der Runde häkeln: 1 M verd, 5 fM, 1 M verd, 1 fM, eine Haarspitze C vor das aktuelle Häkelstück legen und jeweils durch eine Masche der letzten Reihe der Haarspitze und die nächste Masche der Runde zusammenhäkeln: 4 fM, 1 M verd, 1 fM, weiter entlang der Runde häkeln: 4 fM, 1 M verd, (5 fM, 1 M verd) x2 = 42 M

8. Rd: 5 fM, eine Haarspitze B vor das aktuelle Häkelstück legen und jeweils durch eine Masche der letzten Reihe der Haarspitze und die nächste Masche der Runde zusammenhäkeln: 6 fM, weiter entlang der Runde häkeln: 31 fM

9. Rd: 2 fM, eine Haarspitze C vor das aktuelle Häkelstück legen und jeweils durch eine Masche der letzten Reihe der Haarspitze und die nächste Masche der Runde häkeln: 6 fM, weiter entlang der Runde zusammenhäkeln: 6 fM, weiter entlang der Runde: 1 fM, eine Haarspitze D vor das aktuelle Häkelstück legen und jeweils durch eine Masche der letzten Reihe der Haarspitze und die nächste Masche der Runde zusammenhäkeln: 8 fM, weiter entlang der Runde häkeln: 25 fM

10. Rd: 6 fM, eine Haarspitze D vor das aktuelle Häkelstück legen und jeweils durch eine Masche der letzten Reihe der Haarspitze und die nächste Masche der Runde häkeln: 8 fM, weiter entlang der Runde häkeln: 2 fM, eine Haarspitze D vor das aktuelle Häkelstück legen und jeweils durch eine Masche der letzten Reihe der Haarspitze und die nächste Masche der Runde häkeln: 8 fM, weiter entlang der Runde häkeln: 16 fM, eine Haarspitze D vor das aktuelle Häkelstück legen und jeweils durch eine Masche der letzten Reihe der Haarspitze und die nächste Masche der Runde häkeln: 2 fM

11. Rd: 6 fM, weiter entlang der Runde häkeln: 1 fM, 1 LM, wenden und die Haare in Reihen fertig häkeln:

1. und 2. R: 30 fM, 1 WL (2 Reihen)
3. R: 2 M zus, 26 fM, 2 M zus = 28 M, 1 W-LM
4. R: 2 M zus, 24 fM, 2 M zus = 26 M, 1 W-LM
5. R: 2 M zus, 22 fM, 2 M zus = 24 M, 1 W-LM
6. R: 24 fM, 1 W-LM
7. R: 24 fM
Den Faden lang abschneiden und durchziehen.

Ohren (2x häkeln)

Einen Fadenring in Soft Apricot legen und in Spiralrunden fM häkeln.
1. Rd: 6 fM in den Fadenring
2. Rd: Jede M verd = 12 M
Den Faden lang abschneiden und durchziehen, noch nicht vernähen.

Augen (2x häkeln)

Einen Fadenring in Schwarz legen und in Spiralrunden fM häkeln.
1. Rd: 4 fM in den Fadenring
Den Faden abschneiden. FW zu Marone,
2. Rd: Jede M verd = 8 M
Den Faden abschneiden. FW zu Weiß,
3. Rd: Jede 2. M verd = 12 M
Den Faden lang abschneiden und durchziehen, noch nicht vernähen.

Arme mit Händen (2x häkeln)

In Weiß 3 LM anschl. und in Reihen fM häkeln
1. R: 1 fM in die 2. LM von der Nadel aus, 1 fM = 2 M, 1 W-LM

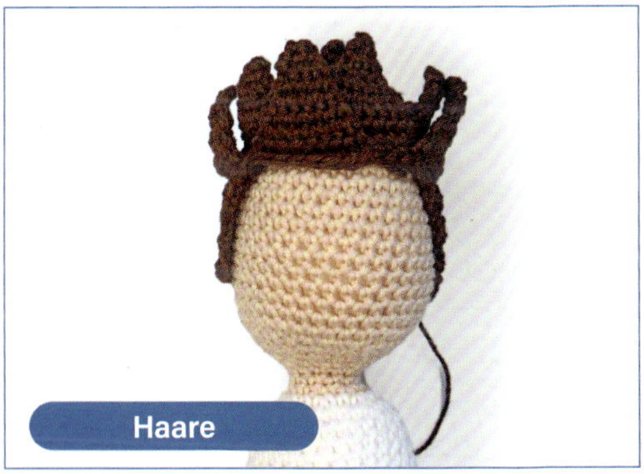

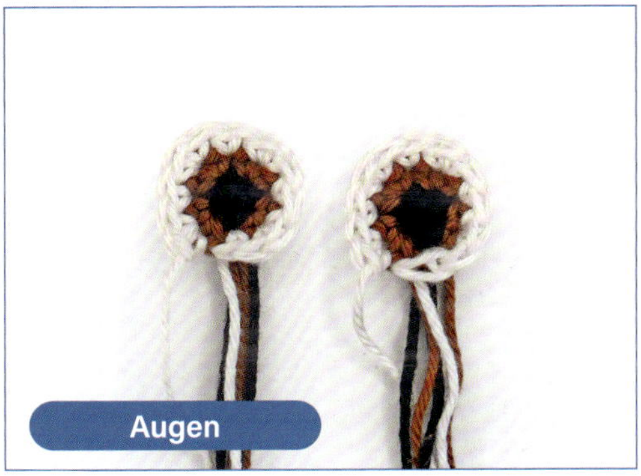

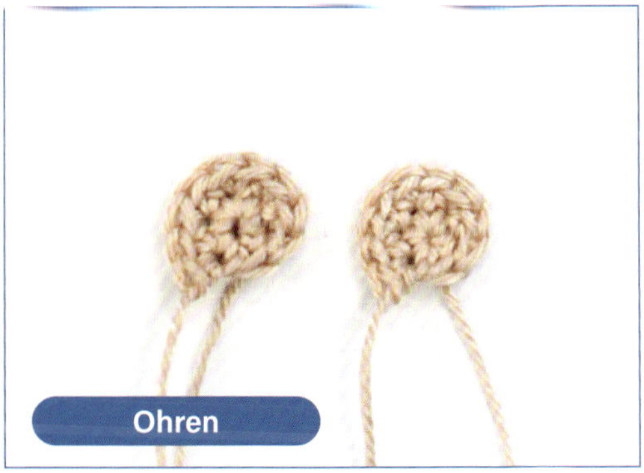

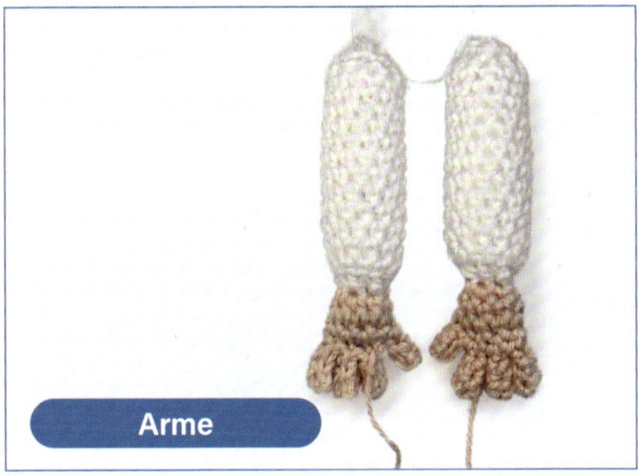

2. R: Jede M verd = 4 M, 1 W-LM
3. R: 1 M verd, 2 fM 1 M verd = 6 M, 1 W-LM
4. R: 1 M verd, 4 fM, 1 M verd = 8 M, 1 W-LM
5. R: 8 fM, 4 LM, 1 fM in die 1. M der Reihe, sodass ein Ring entsteht, 7 fM, 4 fM entlang der LM = 12 M
Den Arm in Runden fertig häkeln:
1.–10. Rd: 12 fM (10 Runden)
Den Arm mit Füllwatte ausstopfen.
11. Rd: Nur in hintere Maschenglieder einstechen: Je 2 M zus = 6 M
Den Faden abschneiden. FW zu Soft Apricot,
12. Rd: Nur in vordere Maschenglieder einstechen: Jede 2. M verd = 9 M
13. Rd: In beide Maschenglieder einstechen: 9 fM
Für einen rechten und einen linken Arm verschieden weiterhäkeln:

Rechter Arm mit rechter Hand
14. Rd: 3 LM, 1 fM in die 2. LM von der Nadel aus, 1 fM, 9 fM am Arm
15. Rd: 2 fM entlang der LM, 1 W-LM, die beiden Seiten des Arms flach aufeinanderlegen und jeweils durch zwei gegenüberliegende Maschen häkeln: 3 KM. Es entsteht der Daumen. Weiter die restlichen Finger häkeln, dabei wie gewohnt in nur 1 Masche einstechen:
(4 LM, 1 fM in die 2. LM von der Nadel aus, 2 fM, 1 KM in die nächste Masche am Arm) x3, 1 KM, (3 fM in die letzten 3 Maschen des nächstliegenden Fingers, 1 W-LM, den Finger flach aufeinanderlegen und durch jeweils zwei gegenüberliegende Maschen häkeln: 3 KM, 1 KM in die nächste Masche am Arm) x3
Den Faden lang abschneiden und durchziehen.

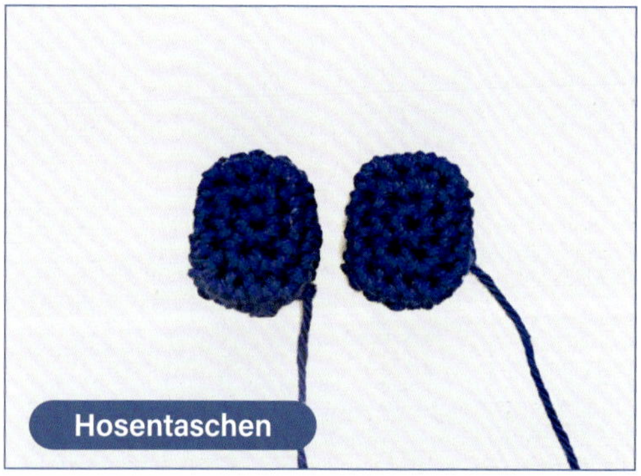
Hosentaschen

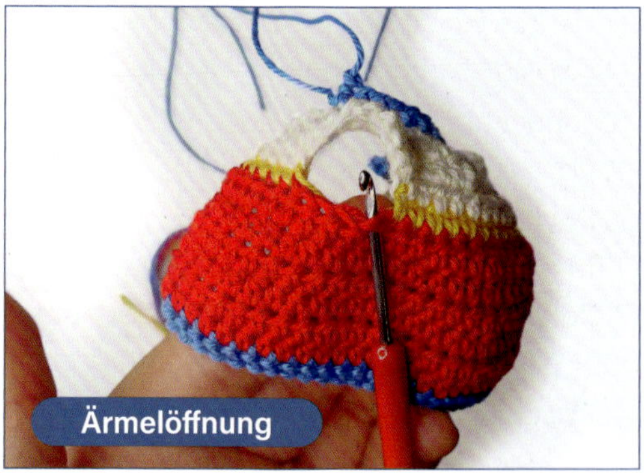
Ärmelöffnung

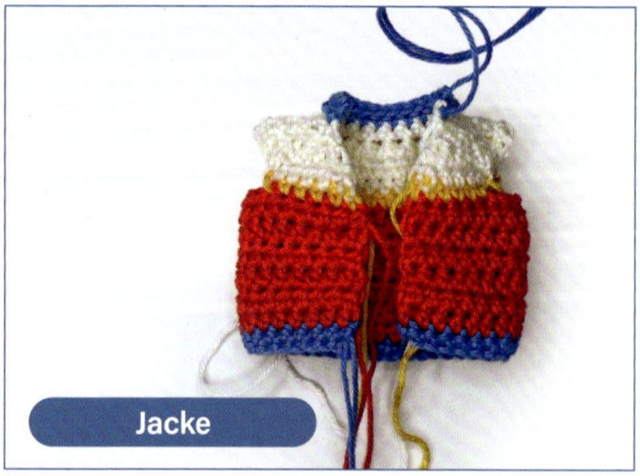
Jacke

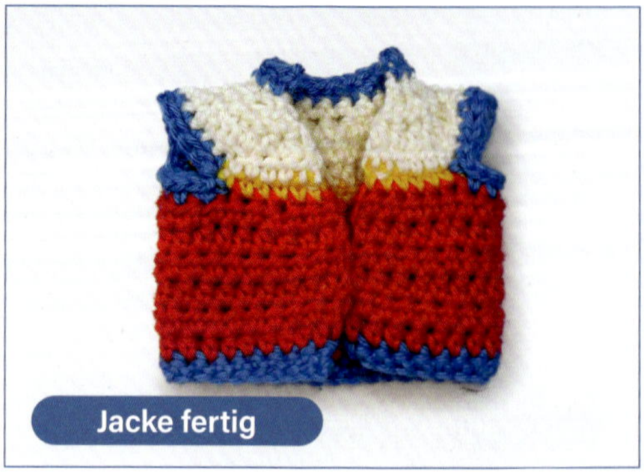
Jacke fertig

Linker Arm mit linker Hand

14. Rd: 4 fM, 3 LM, 1 fM in die 2. LM von der Nadel aus, 1 fM, 5 fM am Arm

15. Rd: 4 fM, 2 fM entlang der LM, 1 W-LM, die beiden Seiten des Arms flach aufeinanderlegen und jeweils durch zwei gegenüberliegende Maschen häkeln: 3 KM. Es entsteht der Daumen. Weiter die restlichen Finger häkeln, dabei wie gewohnt in nur 1 Masche einstechen: (4 LM, 1 fM in die 2. LM von der Nadel aus, 2 fM, 1 KM in die nächste Masche am Arm) x3, 1 KM, (3 fM in die letzten 3 Maschen des nächstliegenden Fingers, 1 W-LM, den Finger flach aufeinanderlegen und durch jeweils zwei gegenüberliegende Maschen häkeln: 3 KM, 1 KM in die nächste Masche am Arm) x3

Faden lang abschneiden und durchziehen.

Hosentaschen (2x häkeln)

Einen Fadenring in Jeans legen und in Spiralrunden fM häkeln.

1. Rd: 6 fM in den Fadenring
2. Rd: (3 fM in 1 M) x2, 1 fM, (3 fM in 1 M) x2, 1 fM = 14 M
3. Rd: (1 fM, 3 fM in 1 M, 2 fM, 3 fM in 1 M, 2 fM) x2 = 22 M
4. Rd: (1 fM, 3 M zus, 2 fM, 3 M zus, 2 fM) x2 = 14 M

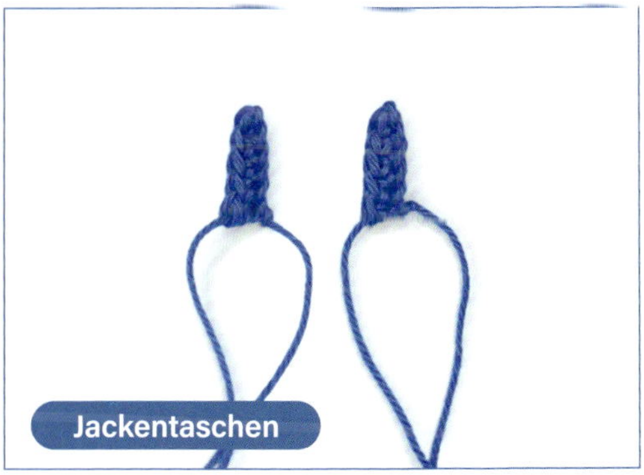

Den Faden lang abschneiden und durchziehen, noch nicht vernähen.

Jacke

In Capri 37 LM anschl. und in Reihen fM häkeln.

1. R: 1 fM in die 2. LM von der Nadel aus, 35 fM = 36 M

Den Faden abschneiden. FW zu Signalrot, 1 W-LM

2.–6. R: 36 hStb, 1 W-LM (5 Reihen)

7. R: 36 hStb

Den Faden abschneiden. FW zu Sonne, 1 W-LM

8. R: 6 fM, FW zu Natur, 10 LM, FW zu Sonne, die nächsten 4 M überspringen, 16 fM, FW zu Natur, 10 LM, FW zu Sonne, die nächsten 4 M überspringen, 6 fM

Den Faden abschneiden. FW zu Natur, 1 W-LM

9. R: 2 hStb zus, 4 hStb, 10 fM entlang der LM-Kette, 16 hStb, 10 fM entlang der LM-Kette, 4 hStb, 2 hStb zus = 46 M, 1 W-LM

10. R: 2 hStb zus, 3 hStb, (2 fM zus) x5, 16 hStb, (2 fM zus) x5, 3 hStb, 2 hStb zus = 34 M, 1 W-LM

11. R: (2 hStb zus) x17 = 17 M, 1 W-LM

12. R: 2 fM zus, 13 fM, 2 fM zus = 15 M

Den Faden abschneiden. FW zu Capri, 1 W-LM

13. R: 15 fM, 1 W-LM

14. R: 15 KM

Den Faden abschneiden und durchziehen.

Ärmelöffnung (2x häkeln)

Von außen in der jeweils rechtesten der 4 übersprungenen Maschen in Capri neu anschlingen und um die Armöffnung häkeln:
1. Rd: 4 fM in die in Reihe 8 übersprungenen Maschen, 1 fM seitlich in die gelbe Masche, 10 fM, entlang der LM-Kette, 1 fM seitlich in die gelbe Masche = 16 M
2. Rd: 16 lockere KM
Den Faden abschneiden und durchziehen. Alle Fäden vernähen.

Jackentaschen (2x häkeln)

In Capri 6 LM anschl. und in Reihen fM häkeln.
1. R: 1 fM in die 2. LM von der Nadel aus, 4 fM = 5 M
Faden lang abschneiden und durchziehen.

Fertigstellen

Die Haare auf den Kopf setzen und annähen, dabei optional noch etwas mit Füllwatte ausstopfen. Die Ohren seitlich kurz vor dem Haaransatz annähen und die Augen im Gesicht anbringen. Mit einem Stück weißen Faden jeweils einen kleinen Punkt in die Augen sticken. Mit Soft Apricot die Nase aufnähen. Außerdem mit schwarzem Garn den Mund und mit einem Faden in Kaffee die Augenbrauen auf das Gesicht sticken. Die Arme seitlich am Körper annähen, wobei die obere Öffnung an den Körper genäht wird (Achtung, rechts und links!). Die Hosentaschen seitlich an den Beinen anbringen und mit weißem Garn jeweils Schnürsenkel auf die Schuhe sticken. Zuletzt die beiden Jackentaschen an die Jacke nähen, alle Fäden vernähen und die Jacke anziehen.

Die Bulldogge

Größe: ca. 15 cm hoch

Wenn es etwas zu bauen gibt, ist er stets zur Stelle! Ein liebenswerter Bau-Spezialist, auf den seine Freunde zählen können.

Wir benötigen

- Schachenmayr Catania (100 % Baumwolle, Lauflänge ca. 125 m/50g)
- in den Farben Zimt (Fb 00383), Crème (Fb 00130), Schwarz (Fb 00110), Weiß (Fb 00106), Sonne (Fb 00208), Anthrazit (Fb 00429) und Rauchgrau (Fb 00435),
- alternativ: anderes Garn in Braun, Crèmeweiß, Schwarz, Weiß, Gelb, Dunkelgrau und Grau
- Häkelnadel Nr. 2,5–3,5 mm
- Füllwatte zum Ausstopfen
- Schere, Nähnadel
- optional Maschenmarkierer und Stecknadeln

Für eine große Figur:

- myboshi No. 1 (Lauflänge ca. 55 m/50g): 100g in den Farben Muskat, Weiß, Löwenzahn; 50g in Schwarz, Anthrazit, Titangrau
- Häkelnadel Nr. 6,0 mm
- Füllwatte zum Ausstopfen

Anleitung

Kopf

Einen Fadenring in Zimt legen und in Spiralrunden fM häkeln.

1. Rd: 6 fM in den Fadenring
2. Rd: Jede M verd = 12 M
3. Rd: Jede 2. M verd = 18 M
4. Rd: Jede 3. M verd = 24 M
5. Rd: Jede 4. M verd = 30 M
6. Rd: (1 fM, 1 M verd, 3 fM) x2, 1 fM, 1 M verd, 2 fM, FW zu Crème, 2 fM, FW zu Zimt, 1 M verd, (4 fM, 1 M verd) x2, 3 fM = 36 M
7. Rd: (5 fM, 1 M verd) x2, 6 fM, FW zu Crème, 1 M verd, 1 fM, FW zu Zimt, 3 fM, 1 M verd, (5 fM, 1 M verd) x2 = 42 M

8. und 9. Rd: 20 fM, FW zu Crème, 3 fM, FW zu Zimt, 19 fM (2 Runden)

10. und 11. Rd: 20 fM, FW zu Crème, 4 fM, FW zu Zimt, 18 fM (2 Runden)

12. Rd: 20 fM, FW zu Crème, 5 fM, FW zu Zimt, 17 fM

13. Rd: 15 fM, 1 M verd, 2 fM, 1 M verd, 1 fM, FW zu Crème, 3 fM, 3 LM, 1 fM in die 2. LM von der Nd aus, 1 fM, 1 fM in die gleiche M am Kopfr, 2 fM, FW zu Zimt, 1 fM, 1 M verd, 2 fM, 1 M verd, 12 fM

14. Rd: 22 fM, FW zu Crème, 3 fM, 1 fM, 1 M verd, zurück zum Kopf häkeln: 1 M verd, 1 fM, 1 fM am Kopf, 21 fM = 53 M

15. Rd: 27 fM, 2 M zus, 24 fM = 52 M
16. und 17. Rd: 52 fM (2 Runden)
18. Rd: 25 fM, 2 M zus, 3 M zus, 2 M zus, 20 fM = 48 M
19. Rd: Jede 7. und 8. M zus = 42 M
20. Rd: (2 fM, 2 M zus, 3 fM) x6 = 36 M
21. Rd: Jede 5. und 6. M zus = 30 M
22. Rd: (1 fM, 2 M zus, 2 fM) x6 = 24 M
23. Rd: Jede 3. und 4. M zus = 18 M
Den Faden lang abschneiden und durchziehen. Den Kopf und die Schnauze mit Füllwatte ausstopfen.

Ohren (2x häkeln)

Für das linke Ohr einen Fadenring in Zimt legen und in Spiralrunden fM häkeln.
Für das rechte Ohr einen Fadenring in Crème legen und in Spiralrunden fM häkeln.
1. Rd: 6 fM in den Fadenring
2. Rd: Jede M verd = 12 M
3.–7. Rd: 12 fM (5 Runden)
8. Rd: Jede 3. und 4. M zus = 9 M
9. Rd: Jede 2. und 3. M zus = 6 M
Den Faden lang abschneiden und durchziehen, noch nicht vernähen.

Augen (2x häkeln)

Einen Fadenring in Schwarz legen und in Spiralrunden fM häkeln.
1. Rd: 4 fM in den Fadenring
Den Faden abschneiden. FW zu Zimt,
2. Rd: 3 M verd, den Faden abschneiden. FW zu Weiß, 1 fM = 7 M
3. Rd: (1 M verd, 1 fM) x3, 1 KM = 10 M

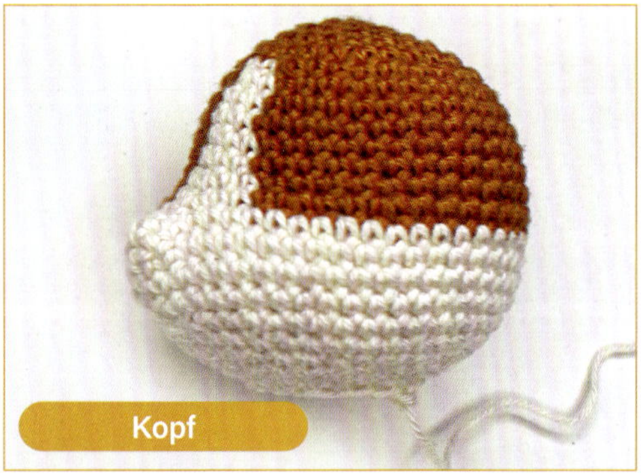
Kopf

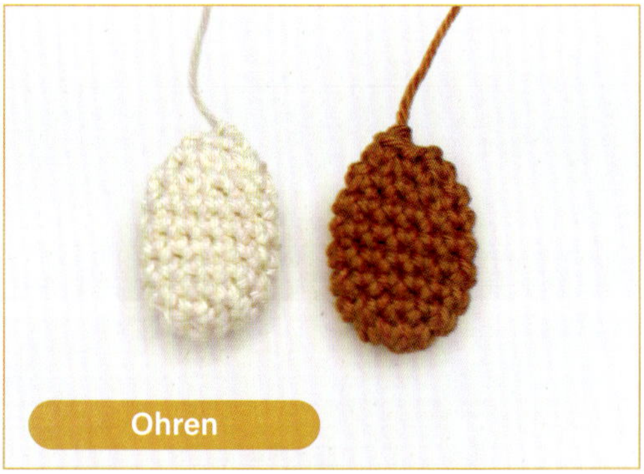
Ohren

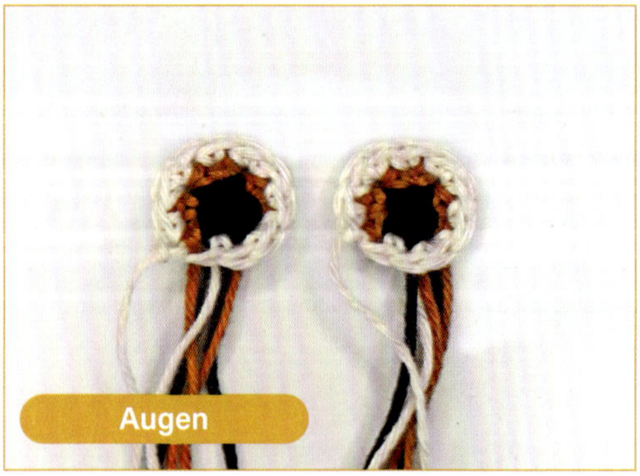
Augen

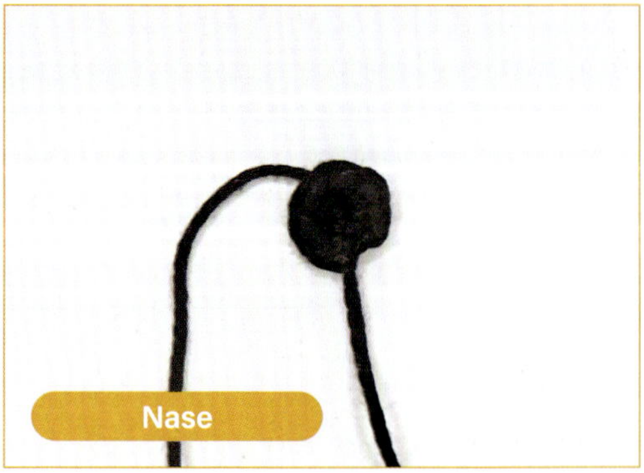
Nase

Den Faden lang abschneiden und durchziehen, noch nicht vernähen.

Nase

Einen Fadenring in Schwarz legen und in Spiralrunden fM häkeln.
1. Rd: 5 fM in den Fadenring
2. Rd: 1 M verd, 1 KM = 6 M, Arbeit beenden
Den Faden lang abschneiden und durchziehen, noch nicht vernähen.

Helm

Einen Fadenring in Sonne legen und in Spiralrunden fM häkeln.
1. Rd: 6 fM in den Fadenring
2. Rd: Jede M verd = 12 M
3. Rd: (1 fM, 3 fM in 1 M, 1 fM) x4 = 20 M
4. Rd: (2 fM, 3 fM in 1 M, 2 fM) x4 = 28 M
5. Rd: (3 fM, 3 fM in 1 M, 3 fM) x4 = 36 M
6.–9. Rd: 36 fM (4 Runden)
10. Rd: 5 fM, 1 W-LM, den Helmschild in Reihen fertig häkeln:
1. R: Nur in hintere Maschenglieder einstechen:
8 fM, 1 W-LM
2. R: In beide Maschenglieder einstechen:
8 fM, 1 W-LM
3. R: 2 M zus, 4 fM, 2 M zus = 6 M, 1 W-LM
4.R: 6 KM
Den Faden lang abschneiden und durchziehen.

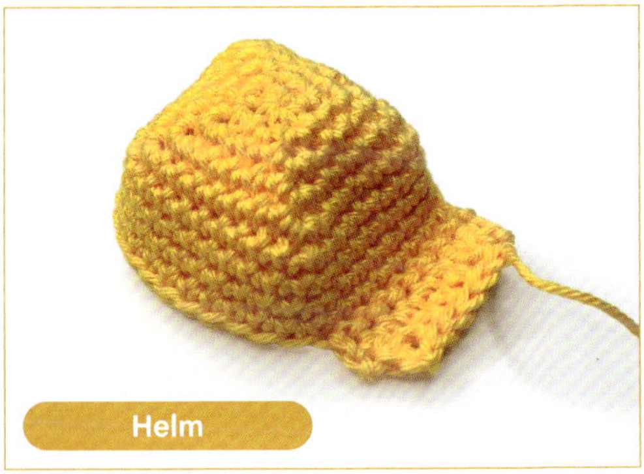
Helm

Helm-Abzeichen

Einen Fadenring in Anthrazit legen und in Spiralrunden fM häkeln.
1. Rd: 6 fM in den Fadenring
2. Rd: 1 fM, 1 M verd, 1 fM, (1 hStb, 1 Stb, 1 hStb) in 1 M, 1 fM, 1 M verd = 10 M
Den Faden abschneiden. FW zu Rauchgrau,
3. Rd: Nur in hintere Maschenglieder einstechen: 10 KM, 1 KM in die 1. M der Runde
Den Faden lang abschneiden und durchziehen.

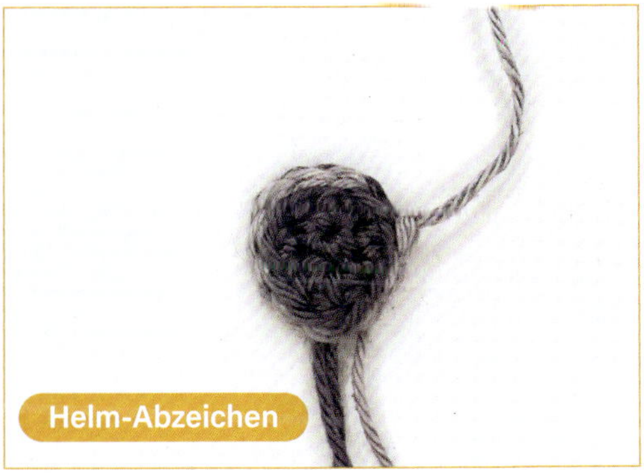
Helm-Abzeichen

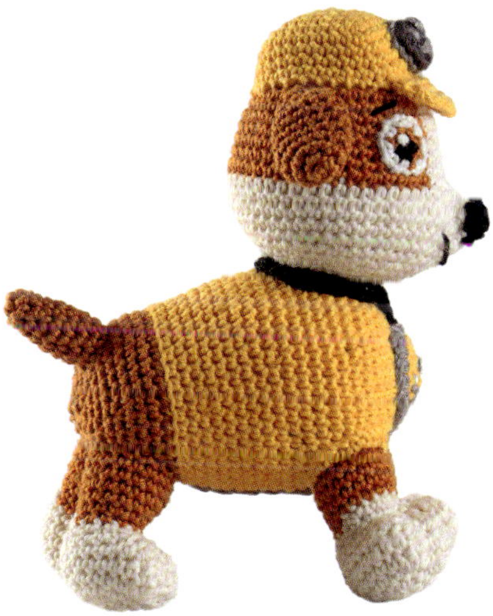

Körper

Einen Fadenring in Sonne legen und in Spiralrunden fM häkeln.

1. Rd: 6 fM in den Fadenring
2. Rd: Jede M verd = 12 M
3. Rd: Jede 2. M verd = 18 M
4. Rd: Jede 3. M verd = 24 M
5. Rd: Jede 4. M verd = 30 M
6. Rd: (1 fM, 1 M verd, 3 fM) x6 = 36 M
7. Rd: Jede 6. M verd = 42 M
8. Rd: (2 fM, 1 M verd, 4 fM) x6 = 48 M

9.–14. Rd: 48 fM (6 Runden)

15. Rd: Jede 11. und 12. M zus = 44 M

16. und 17. Rd: 44 fM (2 Runden)

18. Rd: (4 fM, 2 M zus, 5 fM) x4 = 40 M

19. und 20. Rd: 40 fM (2 Runden)

21. Rd: Jede 9. und 10. M zus = 36 M

22. Rd: 36 fM

Den Faden abschneiden. FW zu Zimt,

23. Rd: Nur in hintere Maschenglieder einstechen: 36 fM

24.–26. Rd: In beide Maschenglieder einstechen: 36 fM (3 Runden)

27. Rd: Jede 5. und 6. M zus = 30 M

28. Rd: 30 fM

Den Körper mit Füllwatte ausstopfen.

29. Rd: Jede 4. und 5. M zus = 24 M

30. Rd: Jede 3. und 4. M zus = 18 M

31. Rd: Jede 2. und 3. M zus = 12 M

Den Körper vollständig mit Füllwatte ausstopfen.

32. Rd: Je 2 M zus = 6 M

Den Faden lang abschneiden und mit einer Wollnadel durch die Maschen der letzten Rd

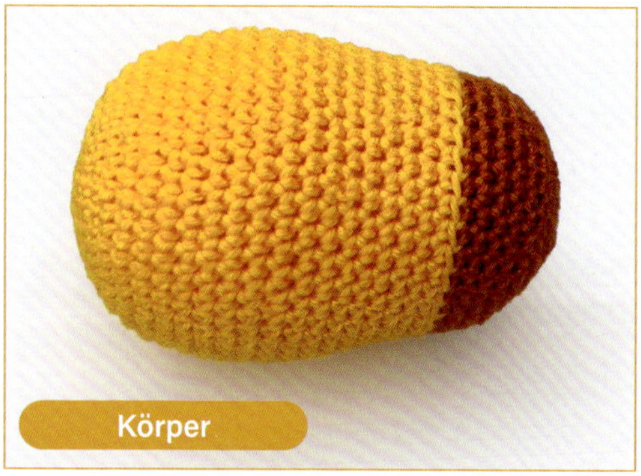

Körper

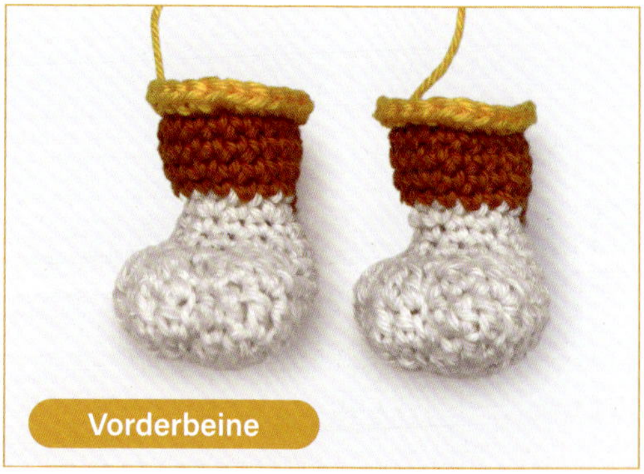

Vorderbeine

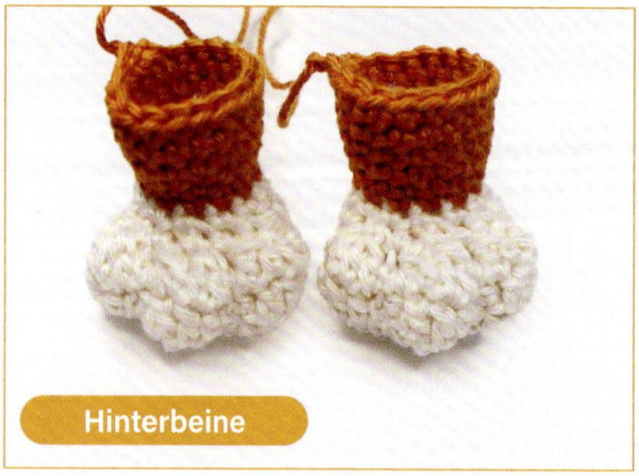

Hinterbeine

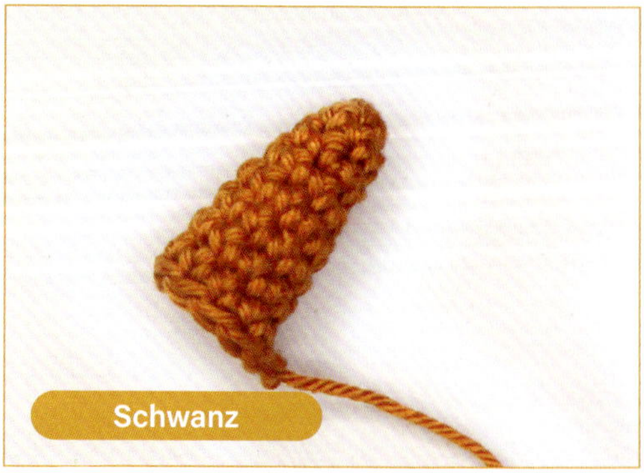

Schwanz

ziehen. Die Öffnung zusammenziehen, dabei eventuell noch etwas Füllwatte nachlegen. Den Faden vernähen.

Vorderbeine (2x häkeln)

Einen Fadenring in Crème legen und in Spiralrunden fM häkeln.
1. Rd: 6 fM in den Fadenring
2. Rd: Jede M verd = 12 M
3. Rd: Jede 3. M verd = 16 M
4. Rd: 4 fM, (1 hStb, 2 Stb, 1 hStb) in 1 M, 1 fM, (1 hStb, 2 Stb, 1 hStb) in 1 M, 1 fM, (1 hStb, 2 Stb, 1 hStb) in 1 M, 7 fM = 25 M
5. Rd: 4 fM, (1 hStb, 2 Stb, 1 hStb, 1 fM) x3, 6 fM = 25 M
6. Rd: 4 fM, (2 Stb zus) x2, 1 fM, (2 Stb zus) x2, 1 fM, (2 Stb zus) x2, 7 fM = 19 M
7. Rd: 4 fM, (2 M zus, 1 fM) x3, 6 fM = 16 M
8. Rd: Jede 3. und 4. M zus = 12 M
9. Rd: 10 fM, FW zu Zimt, 2 fM
10. Rd: 2 fM, FW zu Crème, (1 fM, 1 M verd) x3, FW zu Zimt, 4 fM = 15 M
Den Crème Faden abschneiden.
11. Rd: 15 fM
12. Rd: (2 fM, 1 M verd, 2 fM) x3 = 18 M
13. und 14. Rd: 18 fM (2 Runden)
Den Faden abschneiden. FW zu Sonne,
15. Rd: Nur in vordere Maschenglieder einstechen: Jede 6. M verd = 21 M
Den Faden lang abschneiden und durchziehen. Die Vorderbeine mit den Pfoten mit Füllwatte ausstopfen.

Hinterbeine (2x häkeln)

Einen Fadenring in Crème legen und in Spiralrunden fM häkeln.
1. Rd: 6 fM in den Fadenring
2. Rd: Jede M verd = 12 M
3. Rd: Jede 3. M verd = 16 M
4. Rd: 4 fM, (1 hStb, 2 Stb, 1 hStb) in 1 M, 1 fM, (1 hStb, 2 Stb, 1 hStb) in 1 M, 1 fM, (1 hStb, 2 Stb, 1 hStb) in 1 M, 7 fM = 25 M
5. Rd: 4 fM, (1 hStb, 2 Stb, 1 hStb, 1 fM) x3, 6 fM = 25 M
6. Rd: 4 fM, (2 Stb zus) x2, 1 fM, (2 Stb zus) x2, 1 fM, (2 Stb zus) x2, 7 fM = 19 M
7. Rd: 4 fM, (2 M zus, 1 fM) x3, 6 fM = 16 M
8. Rd: Jede 3. und 4. M zus = 12 M
Den Faden abschneiden. FW zu Zimt,
9. Rd: 12 fM
10. Rd: 2 fM, (1 fM, 1 M verd) x3, 4 fM = 15 M
11. Rd: 15 fM
12. Rd: (2 fM, 1 M verd, 2 fM) x3 = 18 M
13. und 14. Rd: 18 fM (2 Runden)
Den Faden lang abschneiden und durchziehen. Die Hinterbeine mit den Pfoten mit Füllwatte ausstopfen.

Schwanz

Einen Fadenring in Zimt legen und in Spiralrunden fM häkeln.
1. Rd: 6 fM in den Fadenring
2. und 3. Rd: 6 fM (2 Runden)
4. Rd: Jede 2. M verd = 9 M
5.–8. Rd: 9 fM (4 Runden)

Halsband

In Schwarz 28 LM anschl. und in Reihen fM häkeln.

1. R: 1 fM in die 2. LM von der Nd aus, 26 fM

Den Faden lang abschneiden und durchziehen.

Brust-Abzeichen

Einen Fadenring in Sonne legen und in Spiralrunden fM häkeln.

1. Rd: 6 fM in den Fadenring
2. Rd: 1 fM, 1 M verd, 1 fM, (1 hStb, 1 Stb, 1 hStb) in 1 M, 1 fM, 1 M verd = 10 M
3. Rd: 2 fM, 1 M verd, 2 fM, 3 fM in 1 M, 3 fM, 1 M verd = 14 M

Den Faden abschneiden. FW zu Rauchgrau,

4. Rd: 2 fM, 3 fM in 1 M, 4 fM, 3 fM in 1 M, 4 fM, 3 fM in 1 M, 1 fM = 20 M, 1 KM in die erste M der Runde

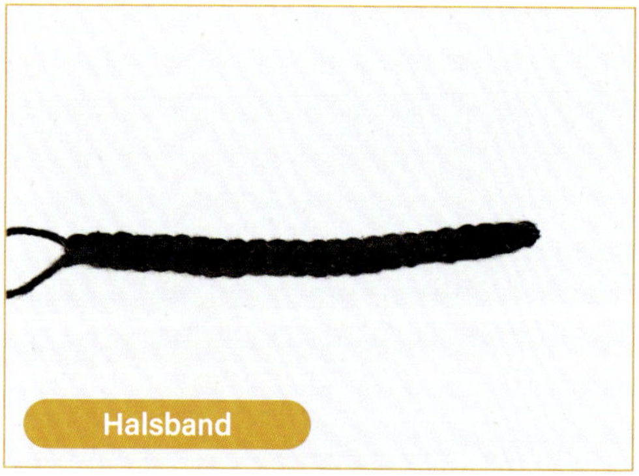
Halsband

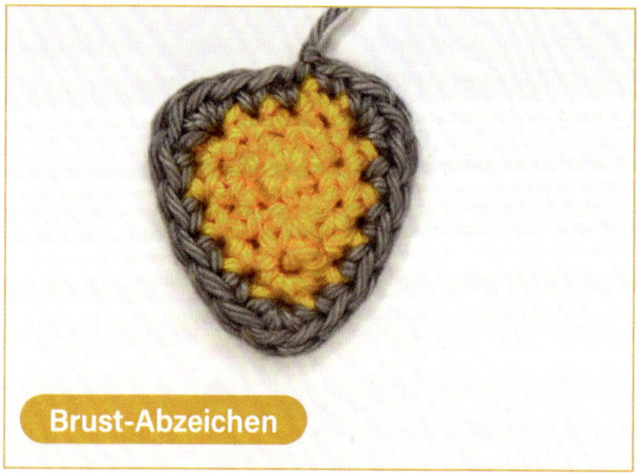
Brust-Abzeichen

Fertigstellen

Mit dem rauchgrauen Schlussfaden des Mützen-Abzeichens eine Pfote auf das Abzeichen sticken und dieses anschließend vorne auf dem Helm annähen. Den Helm aufsetzen und annähen, dabei ausstopfen. Die Ohren seitlich am Kopf befestigen, das Ohr in Weiß ist rechts, das Ohr in Zimt links. Augen und Nase am Kopf festnähen. Mit einem Stück weißen Garn jeweils einen kleinen Punkt in die Augen sticken. Mit schwarzem Garn die Augenbrauen und den Mund auf das Gesicht sticken.

Die Beine und den Schwanz am Körper annähen. Den Kopf vorne auf dem Körper befestigen, das Halsband darum befestigen, dabei vorne anfangen, einmal um den Hals herum arbeiten und das Band schließlich zur Brust führen. In Rauchgrau einen Schraubschlüssel mit Schraube auf das Brustabzeichen sticken und dieses auf der Brust annähen. Mit einem rauchgrauen Faden eine Linie vom unteren Ende des Abzeichens über den unteren Bauch bis zum Übergang in Zimt sticken.

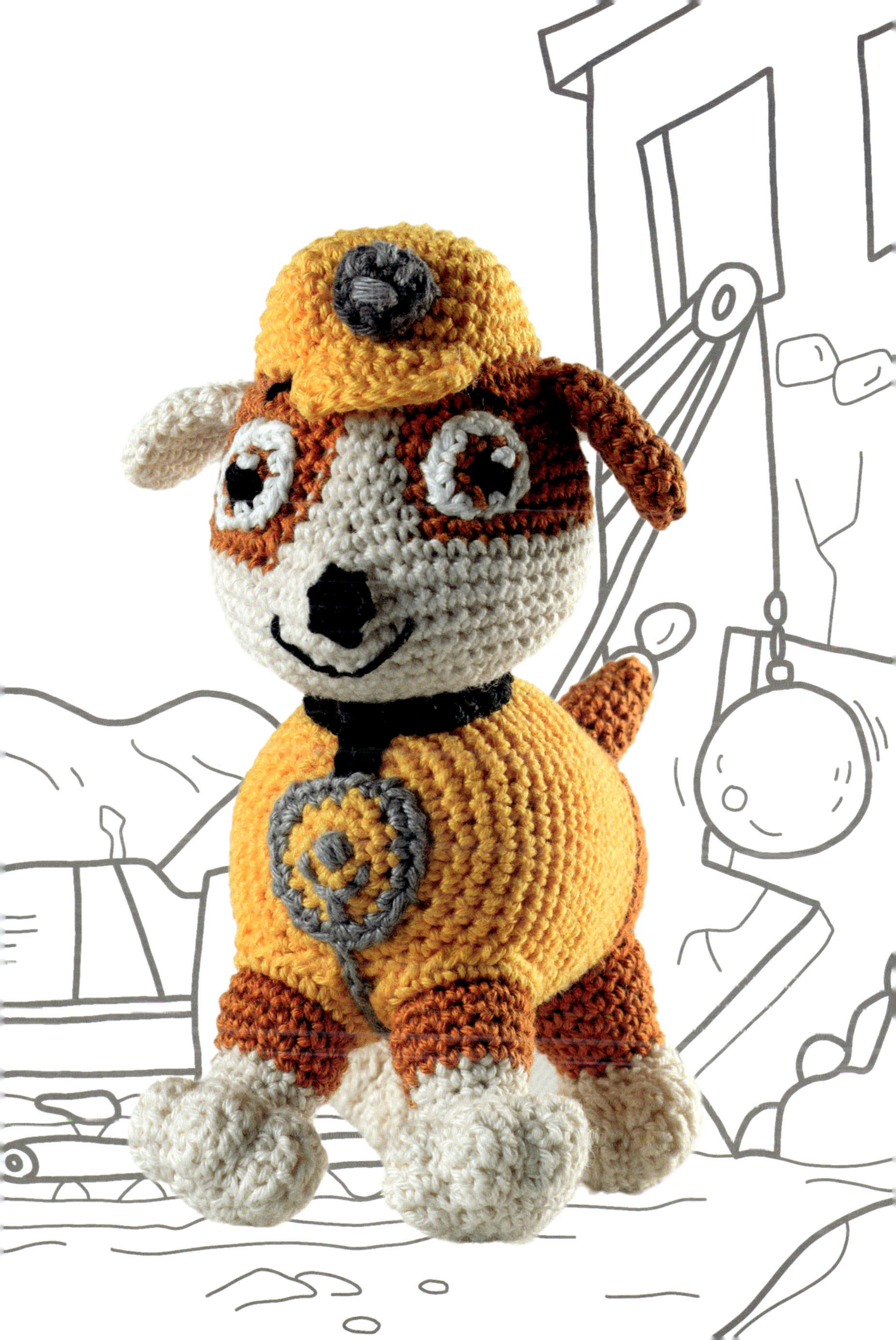

Der Dalmatiner

Größe: ca. 18 cm hoch

Der süße Welpe ist oft ein wenig tollpatschig und für jeden Spaß zu haben. Aber wenn es ernst wird, ist der Feuerwehrhund immer zur Stelle!

Wir benötigen

- Schachenmayr Catania (100 % Baumwolle, Lauflänge ca. 125 m/50g)
- in den Farben Natur (Fb 00105), Schwarz (Fb 00110), Regatta (Fb 00261), Weiß (Fb 00106), Signalrot (Fb 00115), Sonne (Fb 00208), Anthrazit (Fb 00429) und Rauchgrau (Fb 00435),
- alternativ: anderes Garn in Natur-Weiß, Schwarz, Blau, Weiß, Rot, Gelb, Dunkelgrau und Grau
- Häkelnadel Nr. 2,5–3,5 mm
- Füllwatte zum Ausstopfen
- Schere, Nähnadel
- optional Maschenmarkierer und Stecknadeln

Für eine große Figur:

- myboshi No. 1 (Lauflänge ca. 55 m/50g): 100g in den Farben Weiß, Signalrot; 50g in Schwarz, Saphir, Löwenzahn, Beton, Silber
- Häkelnadel Nr. 6,0 mm
- Füllwatte zum Ausstopfen

Anleitung

Kopf

Einen Fadenring in Natur legen und in Spiralrunden fM häkeln.

1. Rd: 6 fM in den Fadenring

2. Rd: Jede M verd = 12 M

3. Rd: Jede 2. M verd = 18 M

4. Rd: Jede 3. M verd = 24 M

5. Rd: Jede 4. M verd = 30 M

6.–11. Rd: 30 fM (6 Runden)

12. Rd: 15 fM, 4 LM, 1 fM in die 2. LM von der Nd aus, 2 fM, 1 fM in die nächste M am Körper, 14 fM

13. Rd: 15 fM, entlang der LM-Kette weiterhäkeln: 2 fM, 1 M verd, zurück zum Körper häkeln: 1 M verd, 2 fM, 15 fM am Körper = 38 M

14. Rd: 15 fM, 2 M zus, 5 fM, 2 M zus, 14 fM = 36 M

15. Rd: 6 fM, FW zu Schwarz, 3 fM, FW zu Natur, 21 fM, FW zu Schwarz, 3 fM, FW zu Natur, 3 fM

16. Rd: 7 fM, FW zu Schwarz, 1 fM, FW zu Natur, 23 fM, FW zu Schwarz, 1 fM, FW zu Natur, 4 fM

17. Rd: 3 fM, FW zu Schwarz, 2 fM, FW zu Natur, 31 fM

18. Rd: Jede 5. und 6. M zus = 30 M

19. Rd: Jede 4. und 5. M zus = 24 M

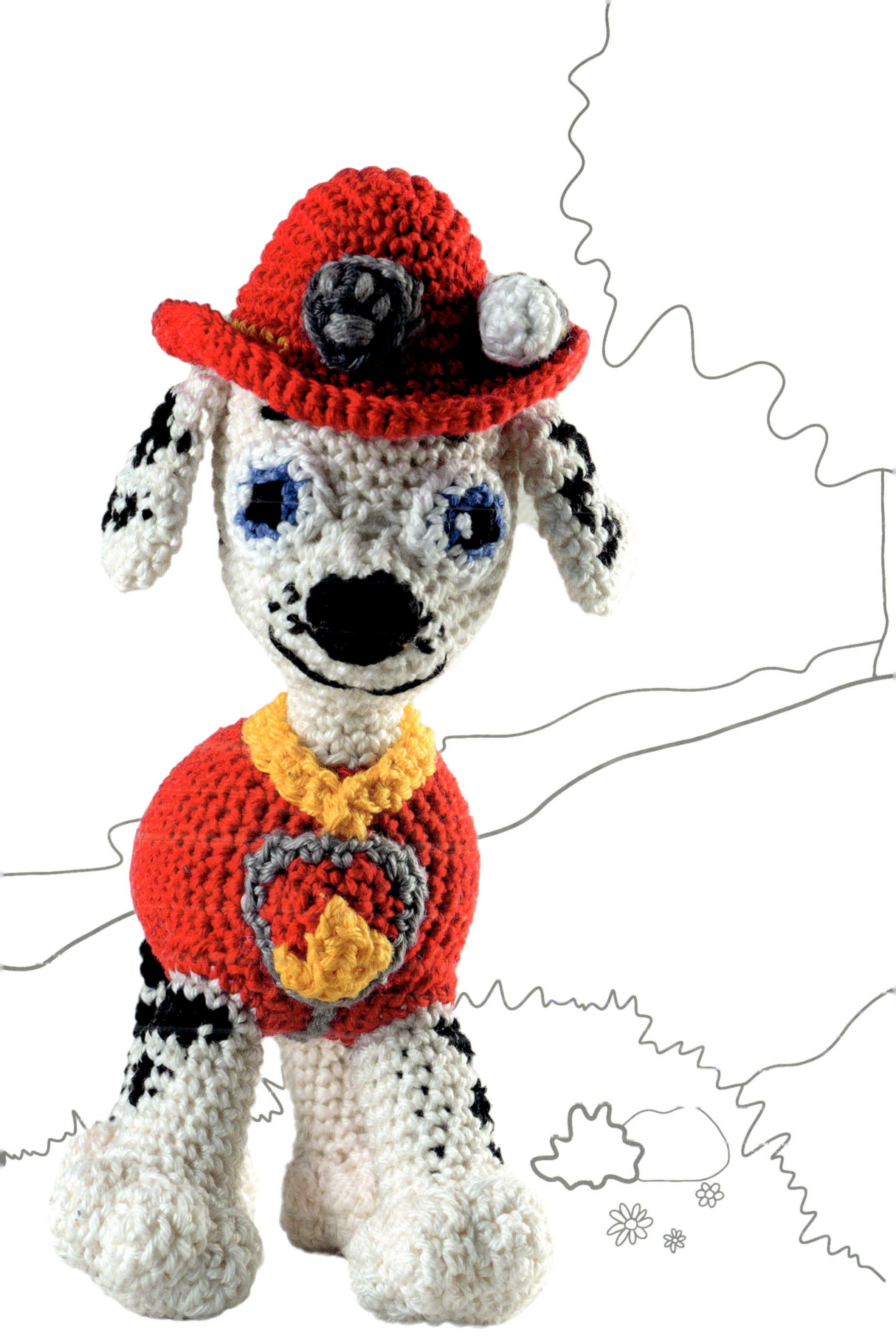

20. Rd: Jede 3. und 4. M zus = 18 M
21. Rd: Jede 2. und 3. M zus = 12 M
22.–24. Rd: 12 fM (3 Runden)
Den Faden lang abschneiden und durchziehen. Den Kopf und die Schnauze mit Füllwatte ausstopfen.

Ohren (2x häkeln)

In Natur 9 LM anschl. und in Spiralrunden fM häkeln.
1. Rd: 1 fM in die 2. LM von der Nd aus, 6 fM, 1 M verd, an der anderen Seite der LM-Kette weiterhäkeln: 7 fM, 1 M verd = 18 M
2. Rd: 18 fM
3. Rd: 2 fM, FW zu Schwarz, 2 fM, FW zu Natur, 1 fM, FW zu Schwarz, 3 fM, FW zu Natur, 10 fM
4. Rd: 1 fM, FW zu Schwarz, 2 fM, FW zu Natur, 2 fM, FW zu Schwarz, 2 fM, FW zu Natur, 11 fM
5. Rd: 8 fM, FW zu Schwarz, 1 fM, FW zu Natur, 9 fM
6. Rd: 2 M zus, 1 fM, FW zu Schwarz, 3 fM, FW zu Natur, 1 fM, FW zu Schwarz, 2 fM, FW zu Natur, 2 M zus, 7 fM = 16 M
7. Rd: 1 fM, FW zu Schwarz, 4 fM, FW zu Natur, 11 fM
8. Rd: 2 M zus, 1 fM, FW zu Schwarz, 4 fM, FW zu Natur, 1 fM, 2 M zus, 6 fM = 14 M
9. Rd: (2 M zus, 5 fM) x2 = 12 M
10. Rd: Je 2 M zus = 6 M
Den Faden lang abschneiden und durchziehen, noch nicht vernähen.

Augen (2x häkeln)

Einen Fadenring in Schwarz legen und in Spiralrunden fM häkeln.
1. Rd: 4 fM in den Fadenring

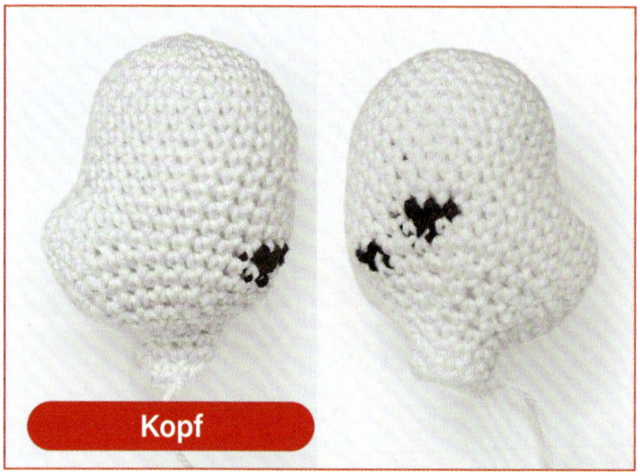
Kopf

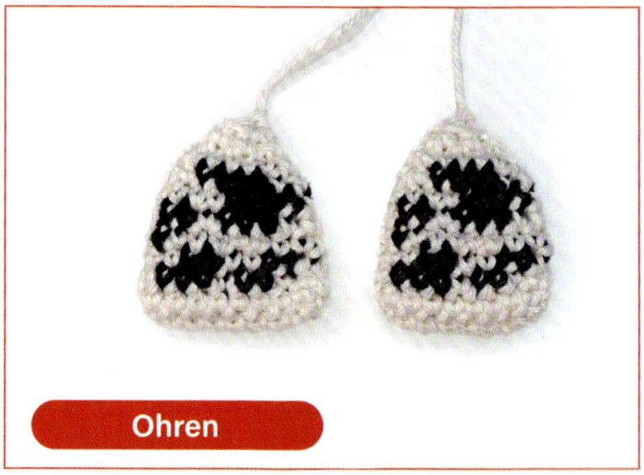
Ohren

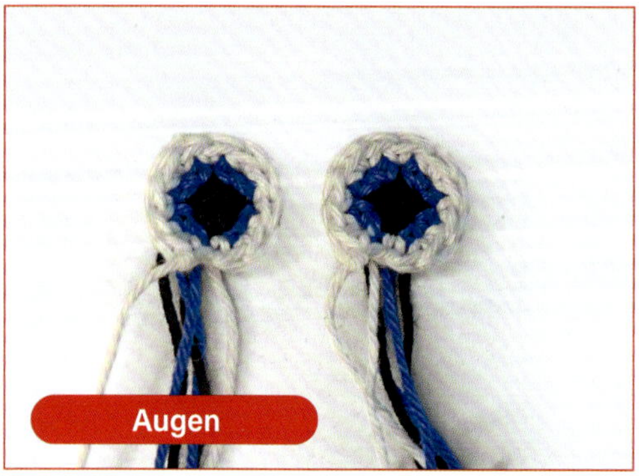
Augen

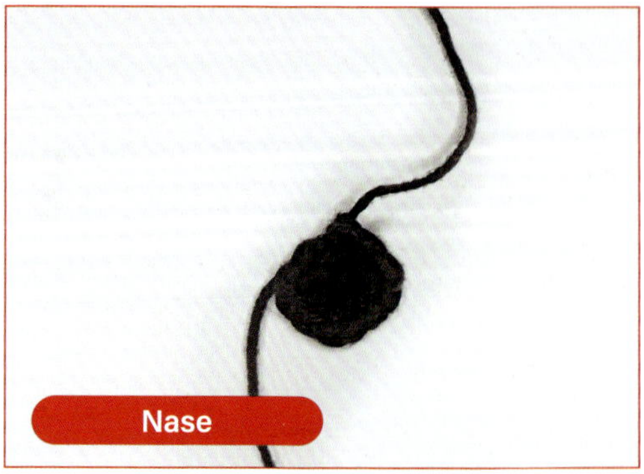
Nase

Den Faden abschneiden. FW zu Regatta,
2. Rd: Jede M verd = 8 M
Den Faden abschneiden. FW zu Weiß,
3. Rd: Jede 2. M verd = 12 M
Die Fäden lang abschneiden und durchziehen, noch nicht vernähen.

Nase

Einen Fadenring in Schwarz legen und in Spiralrunden fM häkeln.
1. Rd: 5 fM in den Fadenring
2. Rd: (3 fM in 1 M) x3, 2 fM = 11 M
Den Faden lang abschneiden und durchziehen, noch nicht vernähen.

Feuerwehrhelm

In Signalrot 8 LM anschl. und in Spiralrunden fM häkeln.

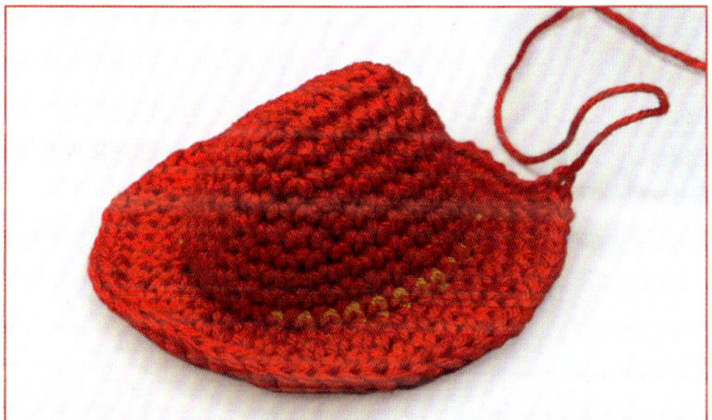

Feuerwehrhelm

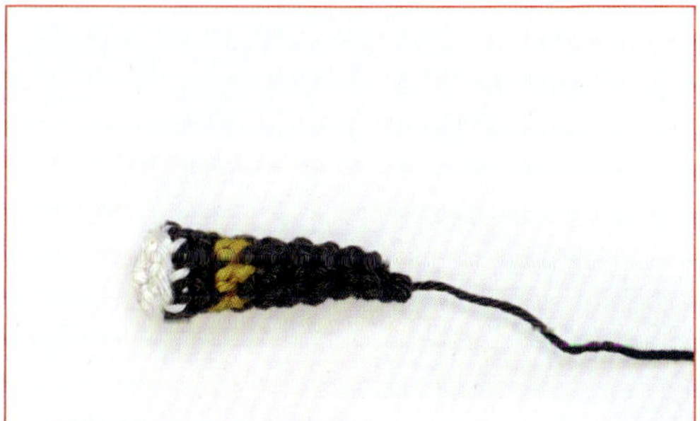

Taschenlampe

1. Rd: 1 fM in die 2. LM von der Nd aus, 5 fM, 1 M verd, an der anderen Seite der LM-Kette weiterhäkeln: 6 fM, 1 M verd = 16 M
2. Rd: (1 M verd, 5 fM, 1 M verd, 1 fM) x2 = 20 M
3. Rd: (1 fM, 1 M verd, 5 fM, 1 M verd, 2 fM) x2 = 24 M
4. Rd: (2 fM, 1 M verd, 6 fM, 1 M verd, 2 fM) x2 = 28 M
5. Rd: (1 M verd, 13 fM) x2 = 30 M
6. Rd: 30 fM
7. Rd: Jede 10. M verd = 33 M
8. Rd: (4 fM, 1 M verd, 6 fM) x3 = 36 M, FW zu Sonne
9. Rd: 16 fM, FW zu Signalrot, 6 fM, FW zu Sonne, 14 fM, FW zu Signalrot
10. Rd: Nur in vordere Maschenglieder einstechen: jede 6. M verd = 42 M
11. Rd: In beide Maschenglieder einstechen: (2 fM, 1 M verd, 4 fM) x6 = 48 M
12. Rd: Jede 8. M verd = 54 M
13. Rd: (3 fM, 1 M verd, 5 fM) x6 = 60 M
Den Faden lang abschneiden und durchziehen, noch nicht vernähen.

Taschenlampe

Einen Fadenring in Weiß legen und in Spiralrunden fM häkeln.
1. Rd: 4 fM in den Fadenring
2. Rd: Jede M verd = 8 M
Den Faden abschneiden. FW zu Anthrazit
3. Rd: Nur in hintere Maschenglieder einstechen: 8 fM
4. Rd: In beide Maschenglieder einstechen: Jede 3.und 4. M zus = 6 M, FW zu Sonne
5. Rd: 6 fM, FW zu Anthrazit
6.–9. Rd: 6 fM (4 Runden)
Taschenlampe mit Füllwatte ausstopfen.
10. Rd: Jede 2. und 3. M zus = 4 M
11. Rd: 4 fM
Faden lang abschneiden und durchziehen.

Helm-Abzeichen

Einen Fadenring in Anthrazit legen und in Spiralrunden fM häkeln.

1. Rd: 6 fM in den Fadenring
2. Rd: 1 fM, 1 M verd, 1 fM, (1 hStb, 1 St, 1 hStb) in 1 M, 1 fM, 1 M verd = 10 M

Den Faden abschneiden. FW zu Rauchgrau,

3. Rd: Nur in hintere Maschenglieder einstechen: 10 KM, 1 KM in die 1. M der Runde

Den Faden lang abschneiden und durchziehen.

Körper

Einen Fadenring in Signalrot legen und in Spiralrunden fM häkeln.

1. Rd: 6 fM in den Fadenring
2. Rd: Jede M verd = 12 M
3. Rd: Jede 2. M verd = 18 M
4. Rd: Jede 3. M verd = 24 M
5. Rd: Jede 4. M verd = 30 M
6. Rd: (1 fM, 1 M verd, 3 fM) x6 = 36 M

7.–14. Rd: 36 fM (8 Runden)

15. Rd: (5 fM, 2 M zus, 5 fM) x3 = 33 M
16. und 17. Rd: 33 fM (2 Runden)
18. Rd: Jede 10. und 11. M zus = 30 M

19.–22. Rd: 30 fM (4 Runden)

Den Faden abschneiden. FW zu Natur,

23. Rd: Nur in hintere Maschenglieder einstechen: 30 fM
24. und 25. Rd: In beide Maschenglieder einstechen: 30 fM (2 Runden)
26. Rd: Jede 4. und 5. M zus = 24 M
27. Rd: 24 fM

Den Körper mit Füllwatte ausstopfen.

28. Rd: Jede 3. und 4. M zus = 18 M
29. Rd: Jede 2. und 3. M zus = 12 M

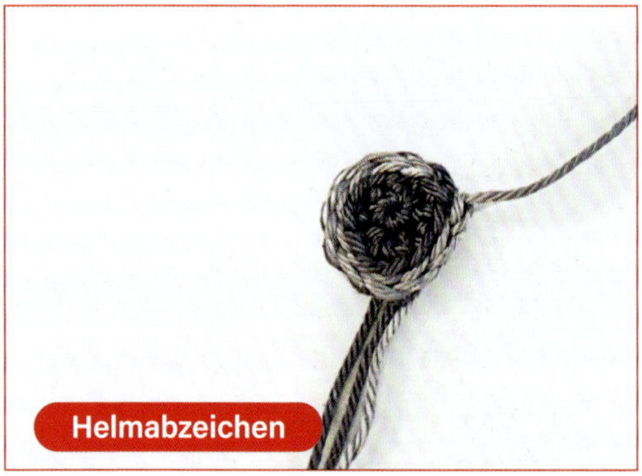

Helmabzeichen

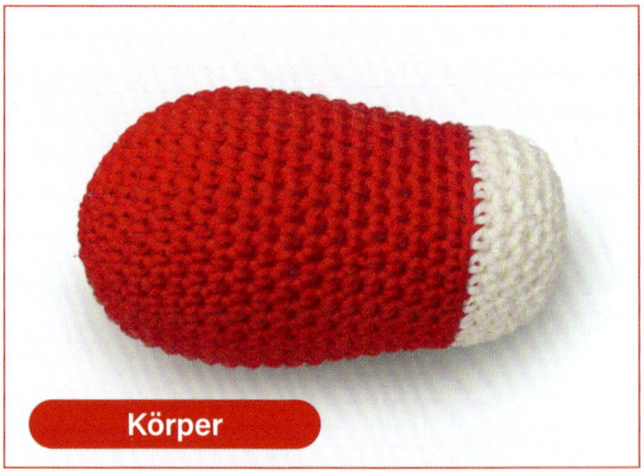

Körper

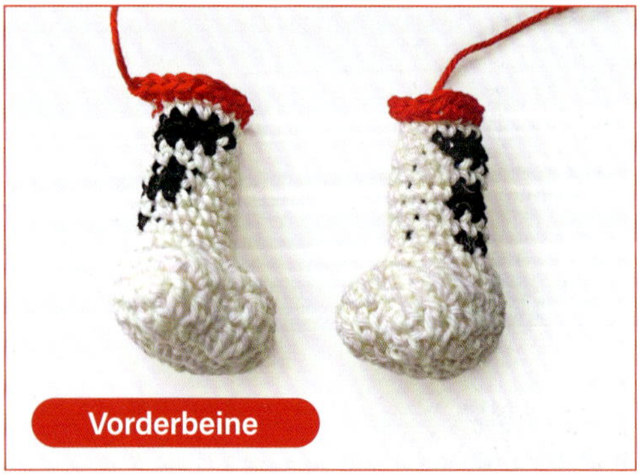

Vorderbeine

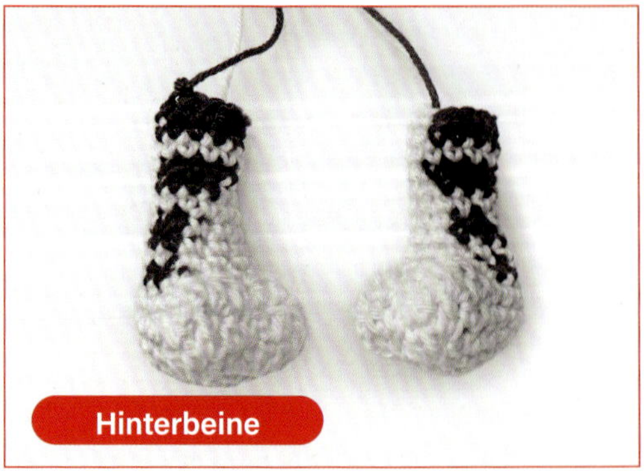

Hinterbeine

Körper mit Füllwatte ausstopfen.
30. Rd: Je 2 M zus = 6 M
Den Faden lang abschneiden und mit einer Wollnadel durch die Maschen der letzten Rd ziehen. Die Öffnung zusammenziehen, dabei eventuell noch etwas Füllwatte nachlegen. Den Faden vernähen.

Vorderbeine (2x häkeln)

Einen Fadenring in Natur legen und in Spiralrunden fM häkeln.
1. Rd: 6 fM in den Fadenring
2. Rd: Jede M verd = 12 M
3. Rd: Jede 3. M verd = 16 M
4. Rd: 4 fM, (1 hStb, 2 Stb, 1 hStb) in 1 M, 1 fM, (1 hStb, 2 Stb, 1 hStb) in 1 M, 1 fM, (1 hStb, 2 Stb, 1 hStb) in 1 M, 7 fM = 25 M
5. Rd: 4 fM (1 hStb, 2 Stb, 1 hStb, 1 fM) x3, 6 fM
6. Rd: 4 fM, (2 Stb zus) x2, 1 fM, (2 Stb zus) x2, 1 fM, (2 Stb zus) x2, 7 fM = 19 M
7. Rd: 4 fM, (2 M zus, 1 fM) x3, 6 fM = 16 M
8. Rd: Jede 3. und 4. M zus = 12 M
Für 1 linkes und 1 rechtes Bein je unterschiedlich weiterhäkeln:

Linkes Bein:

9. Rd: 1 fM, FW zu Schwarz, 2 fM, FW zu Natur, 9 fM
10. Rd: 12 fM
11. Rd: 1 fM, FW zu Schwarz, 3 fM, FW zu Natur, 8 fM
12. Rd: 2 fM, FW zu Schwarz, 2 fM, FW zu Natur, 8 fM
13. Rd: 12 fM
14. Rd: 1 fM, FW zu Schwarz, 4 fM, FW zu Natur, 7 fM
15. Rd: 1 fM, FW zu Schwarz, 5 fM, FW zu Natur, 6 fM
16. Rd: 12 fM
Den Faden abschneiden. FW zu Signalrot
17. Rd: nur in vordere Maschenglieder einstechen: Jede 3. M verd = 16 M
Den Faden lang abschneiden und durchziehen. Das Bein und die Pfoten mit Füllwatte ausstopfen.

Rechtes Bein:

9. Rd: 9 fM, FW zu Schwarz, 2 fM, FW zu Natur, 1 fM
10. Rd: 12 fM
11. Rd: 8 fM, FW zu Schwarz, 3 fM, FW zu Natur, 1 fM
12. Rd: 8 fM, FW zu Schwarz, 2 fM, FW zu Natur, 2 fM
13. Rd: 12 fM
14. Rd: 7 fM, FW zu Schwarz, 4 fM, FW zu Natur, 1 fM
15. Rd: 6 fM, FW zu Schwarz, 5 fM, FW zu Natur, 1 fM
16. Rd: 12 fM
Den Faden abschneiden. FW zu Signalrot,
17. Rd: Nur in vordere Maschenglieder einstechen: Jede 3. M verd = 16 M
Den Faden lang abschneiden und durchziehen. Das Bein und die Pfoten mit Füllwatte ausstopfen.

Schwanz

Einen Fadenring in Natur legen und in Spiralrunden fM häkeln.
1. Rd: 4 fM in den Fadenring
2. Rd: Jede 2. M verd = 6 M
3. Rd: 6 fM
4. Rd: Jede 3. M verd = 8 M
5.–10. Rd: 8 fM (6 Runden)
11. Rd: Jede 3. und 4. M zus = 6 M
12. und 13. Rd: 6 fM (2 Runden)

Halsband

In Sonne 25 LM anschl. und in Reihen fM häkeln.

1. R: 1 fM in die 2. LM von der Nd aus, 23 fM

Den Faden lang abschneiden und durchziehen.

Brust-Abzeichen

Flamme

Einen Fadenring in Sonne legen und in Reihen fM häkeln.

1. R: 3 fM in den Fadenring, ohne W-LM wenden

2. R: 3 LM, 1 KM in die 2. LM von der Nd aus, 1 KM, 1 KM in die nächste M der ersten Reihe, 4 LM, 1 KM in die 2. LM von der Nd aus, 2 hStb, 1 KM in die nächste M der ersten Reihe, 2 LM, 1 KM in die 2. LM von der Nd aus, 1 KM in die letzte M der ersten Reihe

Den Faden lang abschneiden und durchziehen

Abzeichen

Einen Fadenring in Signalrot legen und in Spiralrunden fM häkeln.

1. Rd: 6 fM in den Fadenring

2. Rd: 1 fM, 1 M verd, 1 fM, (1 hStb, 1 Stb, 1 hStb) in 1 M, 1 fM, 1 M verd = 10 M

3. Rd: 2 fM, 1 M verd, 2 fM, 3 fM in 1 M, 3 fM, 1 M verd = 14 M

Den Faden abschneiden. FW zu Rauchgrau,

4. Rd: 2 fM, 3 fM in 1 M, 4 fM, 3 fM in 1 M, 4 fM, 3 fM in 1 M, 1 fM = 20 M, 1 KM in die erste M der Runde

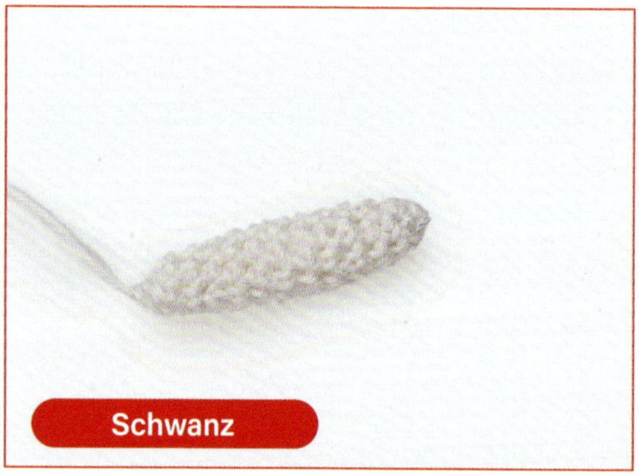

Schwanz

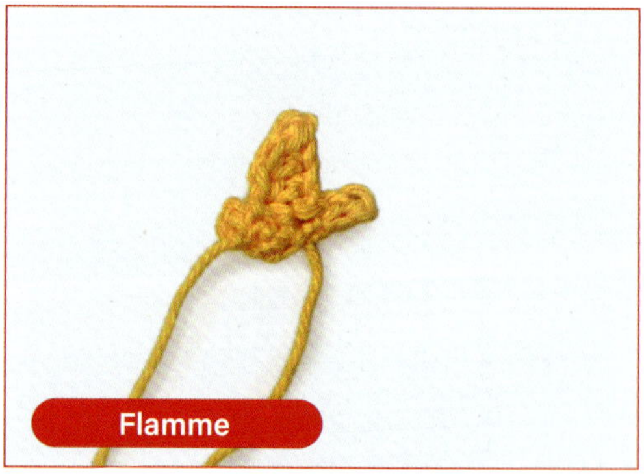

Flamme

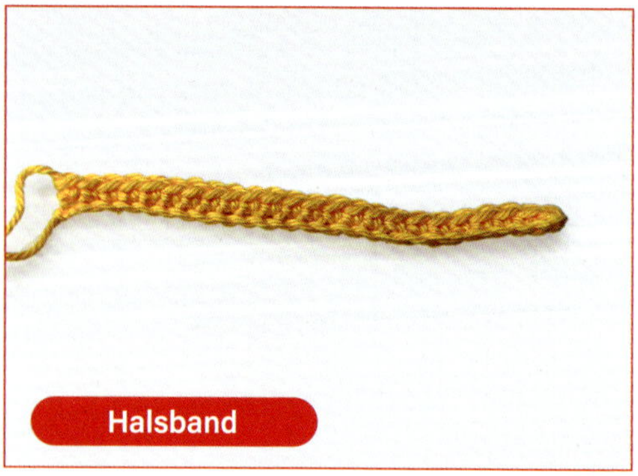

Halsband

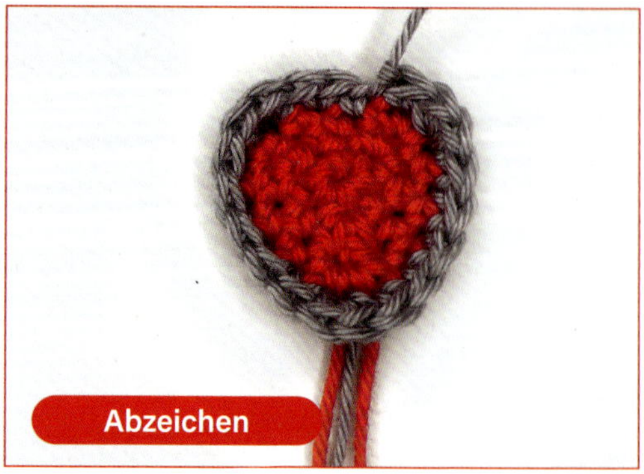

Abzeichen

Fertigstellen

Die Ohren seitlich am Kopf anbringen, dabei zeigen die schwarzen Muster nach außen. Mit dem Schlussfaden des Mützen-Abzeichens eine Pfote auf das Abzeichen sticken und diese anschließend vorne am Helm (also an der Stelle, wo das gelbe Band unterbrochen ist) annähen. Die Taschenlampe an der linken Seite des Helms befestigen und den Helm auf dem Kopf festnähen, dabei leicht ausstopfen. Augen und Nase am Kopf festnähen. Mit einem Stück weißen Garn jeweils einen kleinen Punkt in die Augen sticken. Mit schwarzem Garn die Augenbrauen, den Mund und ein paar Sommersprossen auf das Gesicht sticken.

Die Beine und den Schwanz am Körper annähen, die schwarzen Flecken auf den Beinen zeigen jeweils nach außen. Den Kopf vorne auf dem Körper befestigen, das Halsband darum befestigen, dabei vorne anfangen, einmal um den Hals herumlegen und das Band schließlich zur Brust führen. Die Flamme auf dem Abzeichen befestigen und dieses auf der Brust annähen. Mit einem hellgrauen Garn vom unteren Ende des Abzeichens bis zum Ende der roten Maschen den Bauch entlang sticken.

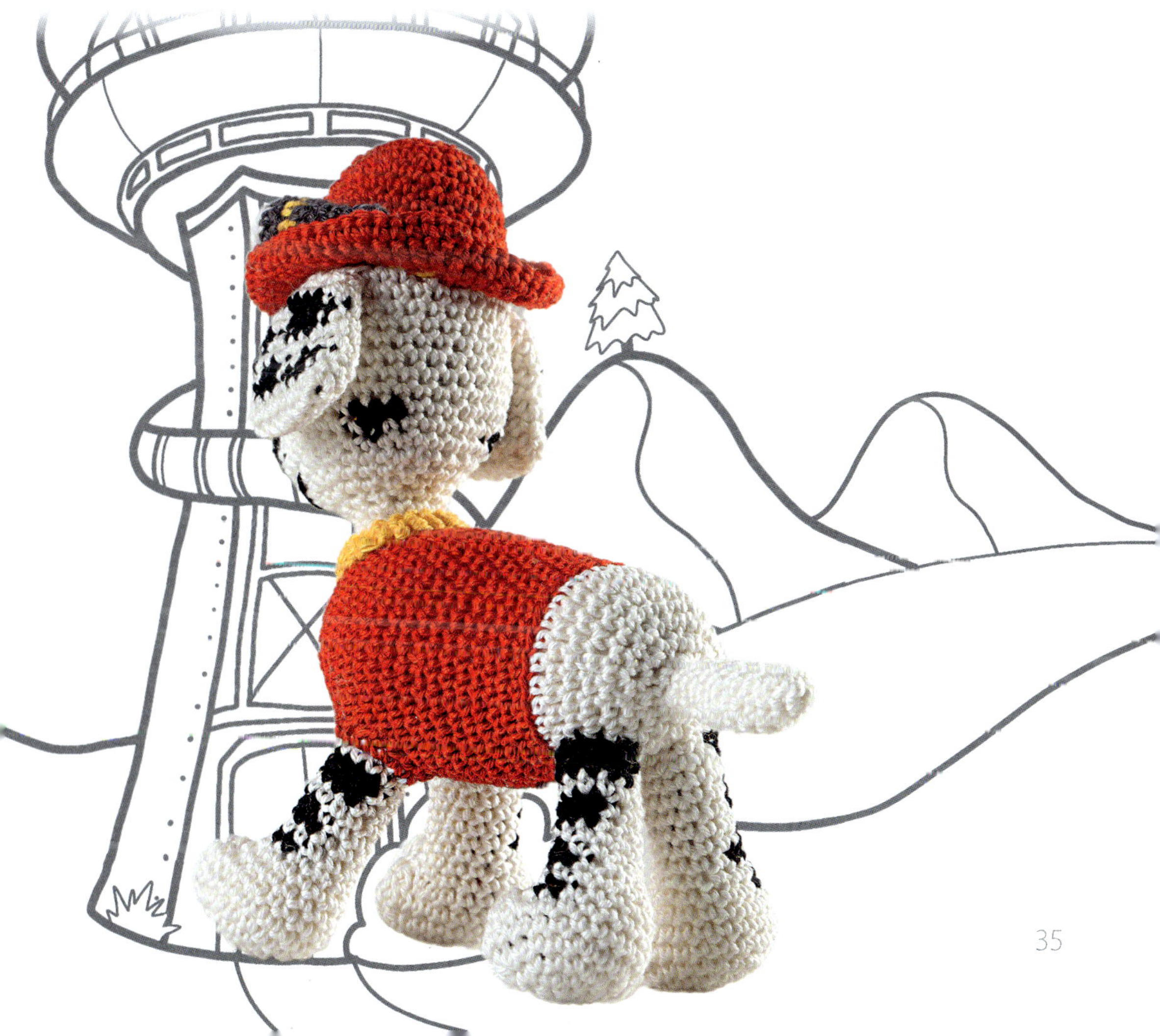

Der Schäferhund

Größe: ca. 17 cm hoch

Er ist der Polizeihund der knuddeligen Rasselbande. Er ist stets hilfsbereit und immer da, wenn er gebraucht wird.

Wir benötigen

- Schachenmayr Catania (100 % Baumwolle, Lauflänge ca. 125 m/50g)

In den Farben:

- Marone (Fb 00157), Curry (Fb 00431), Koralle (Fb 00410), Schwarz (Fb 00110), Weiß (Fb 00106), Jeans (Fb 00164), Sonne (Fb 00208), Anthrazit (Fb 00429) und Rauchgrau (Fb 00435),
- alternativ: anderes Garn in Braun, Hellbraun, Pink, Schwarz, Weiß, Dunkelblau, Gelb, Dunkelgrau und Grau
- Häkelnadel Nr. 2,5–3,5 mm
- Füllwatte zum Ausstopfen
- Schere, Nähnadel
- optional Maschenmarkierer und Stecknadeln

Für eine große Figur:

- myboshi No. 1 (Lauflänge ca. 55 m/50g): 100g in den Farben: Kakao, Muskat, Marine; 50g in Puder, Schwarz, Weiß, Löwenzahn, Anthrazit, Titangrau
- Häkelnadel Nr. 6,0mm
- Füllwatte zum Ausstopfen

Anleitung

Kopf

Einen Fadenring in Marone legen und in Spiralrunden fM häkeln.

1. Rd: 6 fM in den Fadenring
2. Rd: Jede M verd = 12 M
3. Rd: Jede 2. M verd = 18 M
4. Rd: Jede 3. M verd = 24 M
5. Rd: Jede 4. M verd = 30 M
6. Rd: 30 fM
7. Rd: 9 fM, FW zu Curry, 4 fM, FW zu Marone, 4 fM, FW zu Curry, 4 fM, FW zu Marone, 9 fM (= 30 M)

8.–12. Rd: 8 fM, FW zu Curry, 6 fM, FW zu Marone, 2 fM, FW zu Curry, 6 fM, FW zu Marone, 8 fM (= 30 M) (5 Runden)

13. Rd: 8 fM, FW zu Curry, 6 fM, FW zu Marone, 1 fM, 4 LM, 1 fM in die 2. LM von der Nd aus, 2 fM, 1 fM in die nächste M am Körper, FW zu Curry, 6 fM, FW zu Marone, 8 fM
14. Rd: 6 fM, FW zu Curry, 9 fM, entlang der LM-Kette weiterhäkeln: 2 fM, 1 M verd, zurück zum Körper häkeln: 1 M verd, 2 fM, 9 fM am Körper, FW zu Marone, 6 fM = 38 M
15. Rd: 5 fM, FW zu Curry, 9 fM, (2 M zus) x2, 3 fM, (2 M zus) x2, 8 fM, FW zu Marone, 5 fM = 34 M

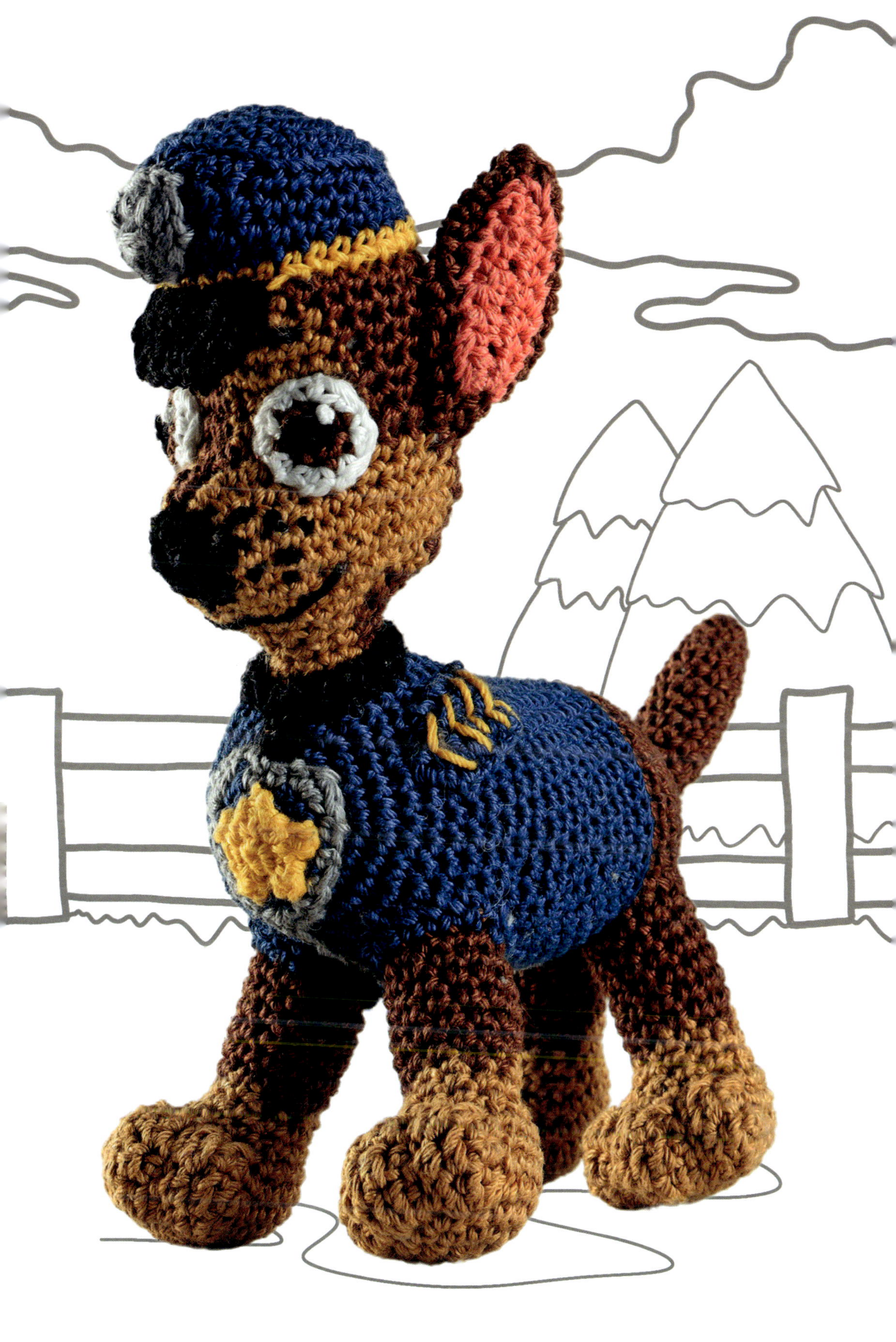

16. Rd: 5 fM, FW zu Curry, (1 fM, 1 M verd, 1 fM) x8, FW zu Marone, 5 fM = 42 M
17. Rd: 5 fM, FW zu Curry, 2 fM, FW zu Marone, 5 fM
18. Rd: 5 fM, 2 M zus, FW zu Curry, (5 fM, 2 M zus) x4, FW zu Marone, 5 fM, 2 M zus = 36 M
19. Rd: 2 fM, 2 M zus, 2 fM, FW zu Curry, (2 fM, 2 M zus, 2 fM) x4, FW zu Marone, 2 fM, 2 M zus, 2 fM = 30 M
20. Rd: 3 fM, 2 M zus, 3 fM, FW zu Curry, (2 M zus, 3 fM) x3, FW zu Marone, 2 M zus, 3 fM, 2 M zus = 24 M
21. Rd: 1 fM, 2 M zus, 2 fM, 2 M zus, 1 fM, FW zu Curry, (1 fM, 2 M zus, 1 fM) x2, 1 fM, 2 M zus, FW zu Marone, 2 fM, 2 M zus, 1 fM = 18 M
22. Rd: (1 fM, 2 M zus) x2, FW zu Curry, (1 fM, 2 M zus) x3, FW zu Marone, 1 fM, 2 M zus = 12 M
23. und 24. Rd: 4 fM, FW zu Curry, 6 fM, FW zu Marone, 2 fM (2 Runden)
Den Faden lang abschneiden und durchziehen. Auch den hellbraunen Faden lang abschneiden und hängen lassen, beide werden später zum Annähen genutzt. Den Kopf und die Schnauze mit Füllwatte ausstopfen.

Ohren (2x häkeln)

Einen Fadenring in Marone legen und in Spiralrunden fM häkeln.
1. Rd: 6 fM in den Fadenring
2. Rd: 6 fM
3. Rd: Jede 3. M verd = 8 M
4. Rd: Jede 4. M verd = 10 M
5. Rd: Jede 5. M verd = 12 M
6.–9. Rd: 12 fM (4 Runden)
10. Rd: Jede 5. und 6. M zus = 10 M

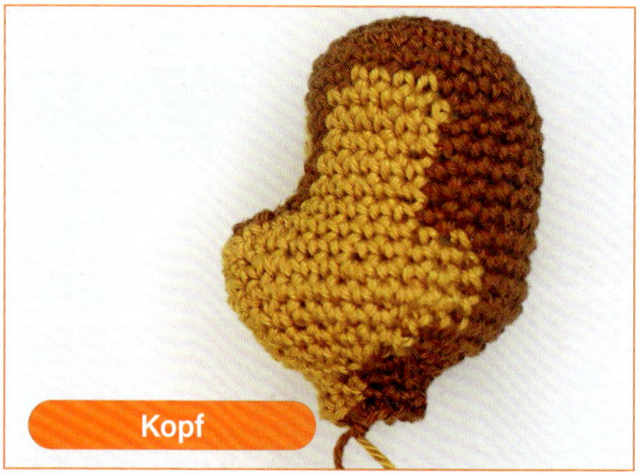
Kopf

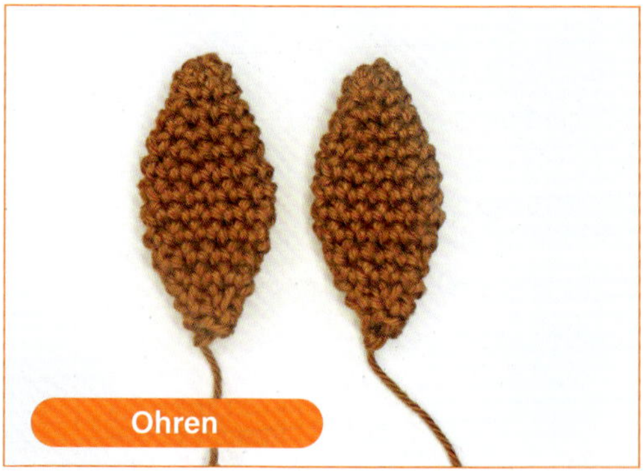
Ohren

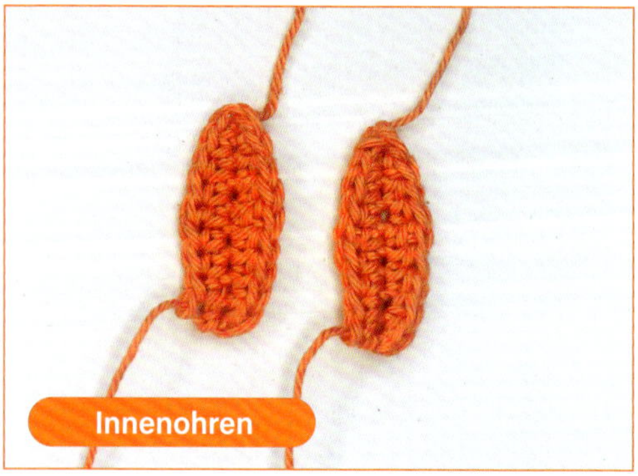
Innenohren

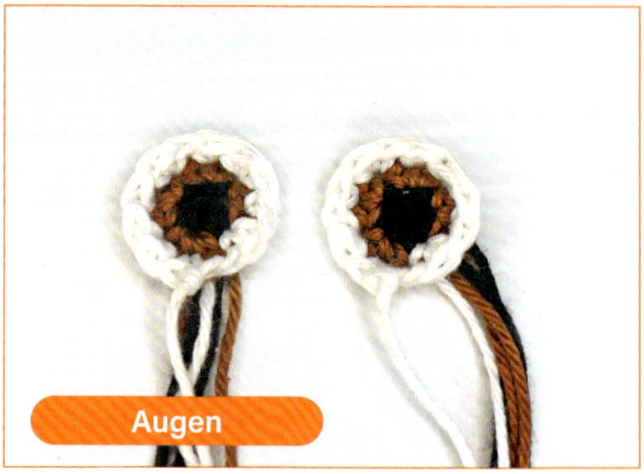
Augen

11. Rd: Jede 4. und 5. M zus = 8 M
12. Rd: 8 fM
13. Rd: Je 2 M zus = 4 M
Den Faden lang abschneiden und durchziehen, noch nicht vernähen.

Innenohren (2x häkeln)

In Koralle 10 LM anschl. und in Spiralrunden fM häkeln.
1. Rd: 1 fM in die 2. LM von der Nd aus, 1 fM, 2 hStb, 1 Stb, 2 hStb, 2 fM, an der anderen Seite der LM-Kette weiterhäkeln: 2 fM, 2 hStb, 1 Stb, 2 hStb, 2 fM = 18 M
Den Faden lang abschneiden und durchziehen, noch nicht vernähen.

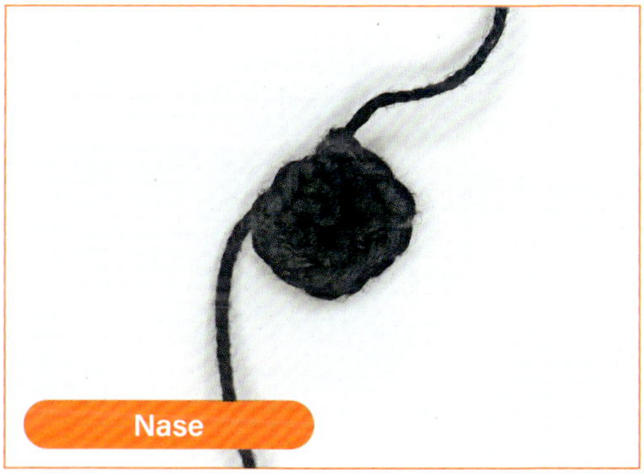
Nase

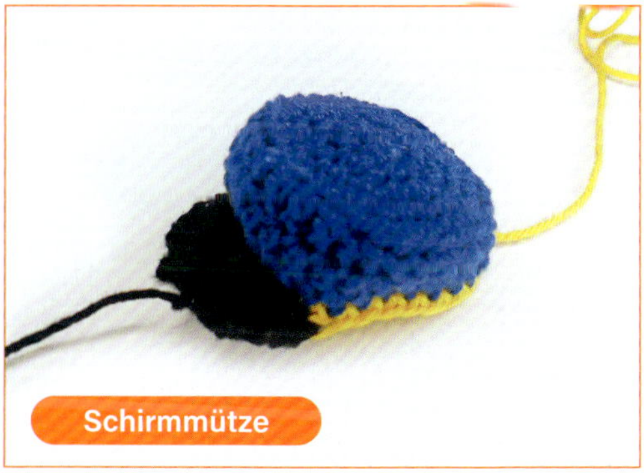
Schirmmütze

Augen (2x häkeln)

Einen Fadenring in Schwarz legen und in Spiralrunden fM häkeln.
1. Rd: 4 fM in den Fadenring
Den Faden abschneiden. FW zu Marone,
2. Rd: Jede M verd = 8 M
Den Faden abschneiden. FW zu Weiß,
3. Rd: Jede 2. M verd = 12 M
Den Faden lang abschneiden und durchziehen, noch nicht vernähen.

Nase

Einen Fadenring in Schwarz legen und in Spiralrunden fM häkeln.
1. Rd: 5 fM in den Fadenring
2. Rd: (3 fM in 1 M) x3, 2 fM = 11 M
Den Faden lang abschneiden und durchziehen, noch nicht vernähen.

Schirmmütze

Einen Fadenring in Jeans legen und in Spiralrunden fM häkeln.
1. Rd: 6 fM in den Fadenring
2. Rd: Jede M verd = 12 M
3. Rd: Jede 2. M verd = 18 M
4. Rd: Jede 3. M verd = 24 M
5. Rd: Jede 4. M verd = 30 M
6. Rd: nur in die hinteren Maschenglieder einstechen: 10 fM, 3 hStb, 4 Stb, 3 hStb, 10 fM
7. und 8. Rd: in beide Mg einstechen: 10 fM, 3 hStb, 4 Stb, 3 hStb, 10 fM (2 Runden)
Den Faden abschneiden. FW zu Sonne,
9. Rd: 30 fM, 1 KM in die erste M der Runde.
Den Faden lang abschneiden und durchziehen, noch nicht vernähen.
In Schwarz neu anschlagen im vorderen Maschenglied der 11. M der Vorrunde. Die erste Reihe entlang der Runde häkeln, anschließend in Reihen fM häkeln.
1. R: nur in vordere Maschenglieder ein-

stechen: 10 fM, 1 W-LM
2. R: In beide Maschenglieder einstechen: 10 fM, 1 W-LM
3. R: 1 fM, (2 M zus) x4, 1 fM = 6 M, 1 W-LM
4. R: 2 M zus, 2 fM, 2 M zus = 4 M, 1 W-LM
5. R: 4 KM
Faden lang abschneiden und durchziehen.

Mützen-Abzeichen

Einen Fadenring in Anthrazit legen und in Spiralrunden fM häkeln.
1. Rd: 6 fM in den Fadenring
2. Rd: 1 fM, 1 M verd, 1 fM, (1 hStb, 1 St, 1 hStb) in 1 M, 1 fM, 1 M verd = 10 M
Den Faden abschneiden. FW zu Rauchgrau,
3. Rd: Nur in hintere Maschenglieder einstechen: 10 KM, 1 KM in die 1. M der Runde
Faden lang abschneiden und durchziehen.

Körper

Einen Fadenring in Jeans legen und in Spiralrunden fM häkeln.
1. Rd: 6 fM in den Fadenring
2. Rd: Jede M verd = 12 M
3. Rd: Jede 2. M verd = 18 M
4. Rd: Jede 3. M verd = 24 M
5. Rd: Jede 4. M verd = 30 M
6. Rd: (1 fM, 1 M verd, 3 fM) x6 = 36 M
7.–14. Rd: 36 fM (8 Runden)
15. Rd: (5 fM, 2 M zus, 5 fM) x3 = 33 M
16. und 17. Rd: 33 fM (2 Runden)
18. Rd: Jede 10. und 11. M zus = 30 M
19.–22. Rd: 30 fM (4 Runden)
Den Faden abschneiden. FW zu Marone,
23. Rd: Nur in hintere Maschenglieder einstechen: 30 fM
24. und 25. Rd: In beide Maschenglieder ein-

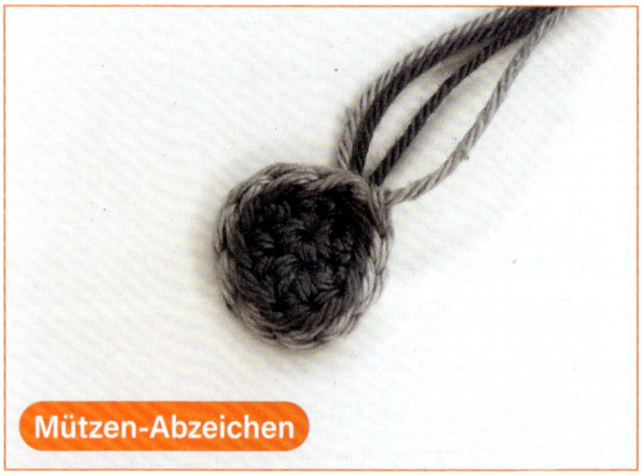
Mützen-Abzeichen

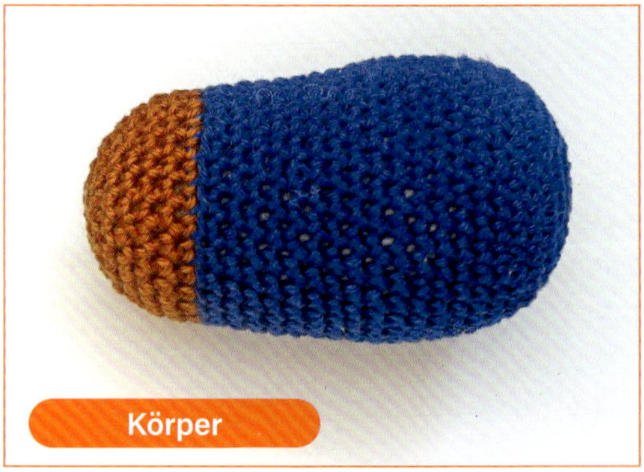
Körper

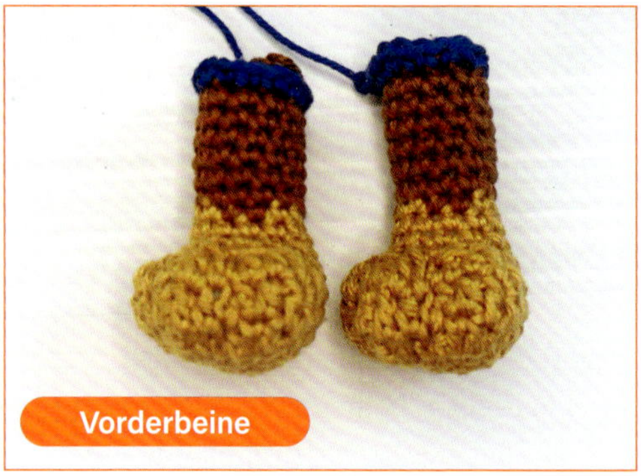
Vorderbeine

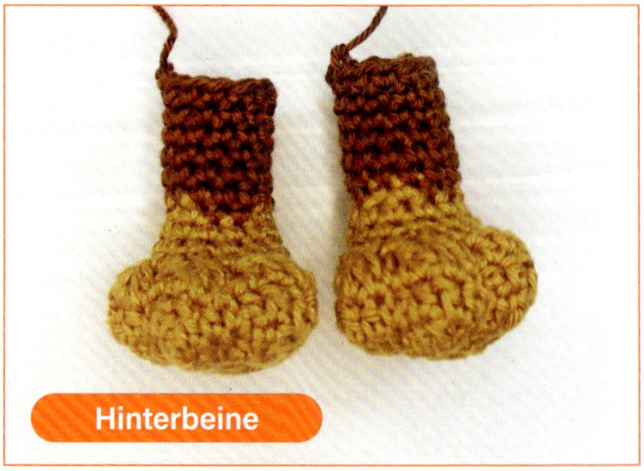
Hinterbeine

stechen: 30 fM (2 Runden)
26. Rd: Jede 4. und 5. M zus = 24 M
27. Rd: 24 fM
Den Körper mit Füllwatte ausstopfen.
28. Rd: Jede 3. und 4. M zus = 18 M
29. Rd: Jede 2. und 3. M zus = 12 M
Den Körper vollständig mit Füllwatte ausstopfen.
30. Rd: Je 2 M zus = 6 M
Den Faden lang abschneiden und mit einer Wollnadel durch die Maschen der letzten Rd ziehen. Die Öffnung zusammenziehen, dabei eventuell noch etwas Füllwatte nachlegen. Den Faden vernähen.

Vorderbeine (2x häkeln)

Einen Fadenring in Curry legen und in Spiralrunden fM häkeln.
1. Rd: 6 fM in den Fadenring
2. Rd: Jede M verd = 12 M
3. Rd: Jede 3. M verd = 16 M
4. Rd: 4 fM, (1 hStb, 2 Stb, 1 hStb) in 1 M, 1 fM, (1 hStb, 2 Stb, 1 hStb) in 1 M, 1 fM, (1 hStb, 2 Stb, 1 hStb) in 1 M, 7 fM = 25 M
5. Rd: 4 fM (1 hStb, 2 Stb, 1 hStb, 1 fM) x3, 6 fM
6. Rd: 4 fM, (2 Stb zus) x2, 1 fM, (2 Stb zus) x2, 1 fM, (2 Stb zus) x2, 7 fM = 19 M
7. Rd: 4 fM, (2 M zus, 1 fM) x3, 6 fM = 16 M
8. Rd: Jede 3. und 4. M zus = 12 M
9. Rd: 12 fM, FW zu Marone
10. Rd: 2 fM, (FW zu Curry, 2 fM, FW zu Marone, 2 fM) x2, FW zu Curry, 2 fM, FW zu Marone
11.–16. Rd: 12 fM (6 Runden)
Den Faden abschneiden. FW zu Jeans,
17. Rd: Nur in vordere Maschenglieder einstechen: Jede 3. M verd = 16 M
Den Faden lang abschneiden und durchziehen. Die Beine und die Pfoten mit Füllwatte ausstopfen.

Hinterbeine (2x häkeln)

Einen Fadenring in Curry legen und in Spiralrunden fM häkeln.
1. Rd: 6 fM in den Fadenring
2. Rd: Jede M verd = 12 M
3. Rd: Jede 3. M verd = 16 M
4. Rd: 4 fM, (1 hStb, 2 Stb, 1 hStb) in 1 M, 1 fM, (1 hStb, 2 Stb, 1 hStb) in 1 M, 1 fM, (1 hStb, 2 Stb, 1 hStb) in 1 M, 7 fM = 25 M
5. Rd: 4 fM (1 hStb, 2 Stb, 1 hStb, 1 fM) x3, 6 fM
6. Rd: 4 fM, (2 Stb zus) x2, 1 fM, (2 Stb zus) x2, 1 fM, (2 Stb zus) x2, 7 fM = 19 M
7. Rd: 4 fM, (2 M zus, 1 fM) x3, 6 fM = 16 M
8. Rd: Jede 3. und 4. M zus = 12 M
9. Rd: 12 fM, FW zu Marone
10. Rd: 2 fM, (FW zu Curry, 2 fM, FW zu Marone, 2 fM) x2, FW zu Curry, 2 fM, FW zu Marone
11.–16. Rd: 12 fM (6 Runden)
Den Faden lang abschneiden und durchziehen. Die Beine und die Pfoten mit Füllwatte ausstopfen.

Schwanz

Einen Fadenring in Marone legen und in Spiralrunden fM häkeln.
1. Rd: 4 fM in den Fadenring
2. Rd: Jede 2. M verd = 6 M
3. Rd: 6 fM
4. Rd: Jede 3. M verd = 8 M
5.–10. Rd: 8 fM (6 Runden)
11. Rd: Jede 3. und 4. M zus = 6 M
12. und 13. Rd: 6 fM (2 Runden)

Halsband

In Schwarz 25 LM anschl. und in Reihen fM häkeln.
1. R: 1 fM in die 2. LM von der Nd aus, 23 fM
Den Faden lang abschneiden und durchziehen.

Brust-Abzeichen

Stern

Einen Fadenring in Sonne legen und in Spiralrunden fM häkeln.
1. Rd: 5 fM in den Fadenring
2. Rd: (1 KM, 1 Stb, 1 KM) in 1 M x5
Den Faden lang abschneiden und durchziehen.

Abzeichen

Einen Fadenring in Jeans legen und in Spiralrunden fM häkeln.
1. Rd: 6 fM in den Fadenring
2. Rd: 1 fM, 1 M verd, 1 fM, (1 hStb, 1 Stb, 1 hStb) in 1 M, 1 fM, 1 M verd = 10 M
3. Rd: 2 fM, 1 M verd, 2 fM, 3 fM in 1 M, 3 fM, 1 M verd = 14 M

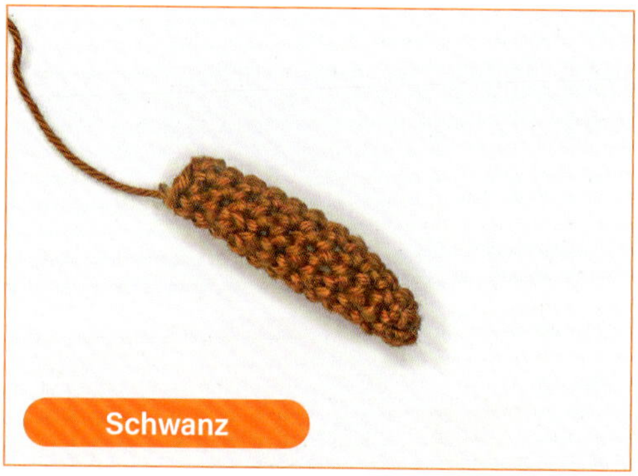
Schwanz

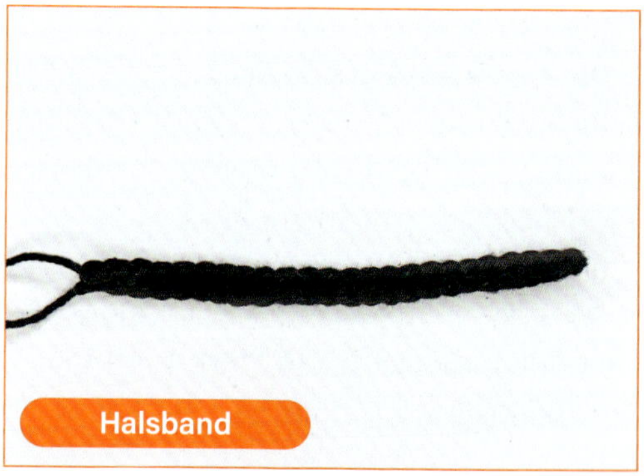
Halsband

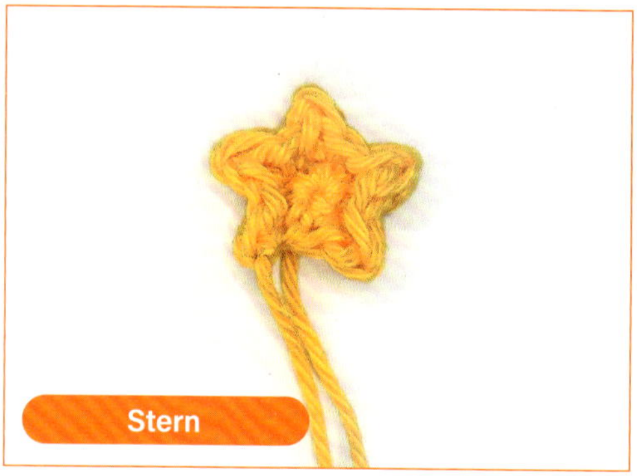
Stern

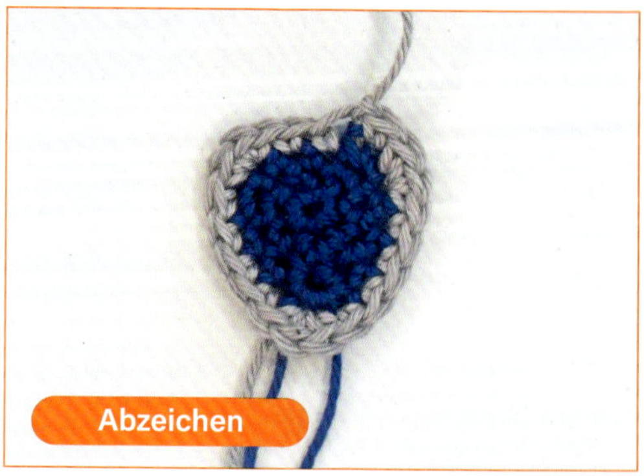
Abzeichen

Den Faden abschneiden. FW zu Rauchgrau,
4. Rd: 2 fM, 3 fM in 1 M, 4 fM, 3 fM in 1 M, 4 fM, 3 fM in 1 M, 1 fM = 20 M, 1 KM in die erste M der Runde

Schulterklappen (2x häkeln)

In Jeans 5 LM anschl. und in Reihen fM häkeln.
1. R: 1 fM in die 2. LM von der Nd aus, 3 fM = 4 M, 1 W-LM
2.–4. R: 4 fM, 1 W-LM (3 Reihen)
5. R: Je 2 M zus = 2 M, 1 W-LM
6. R: 2 M zus = 1 M
Den Faden lang abschneiden und durchziehen.

Fertigstellen

Die Innenohren an den Ohren befestigen und diese seitlich am Kopf anbringen. Mit dem Schlussfaden des Mützen-Abzeichens eine Pfote auf das Abzeichen sticken und diese anschließend vorne an der Schirmmütze annähen. Die Mütze auf dem Kopf festnähen, dabei leicht ausstopfen. Augen und Nase am Kopf festnähen. Mit einem Stück weißen Garn jeweils einen kleinen Punkt in die Augen sticken. Mit schwarzem Garn die Augenbrauen, den Mund und ein paar Sommersprossen auf das Gesicht sticken.

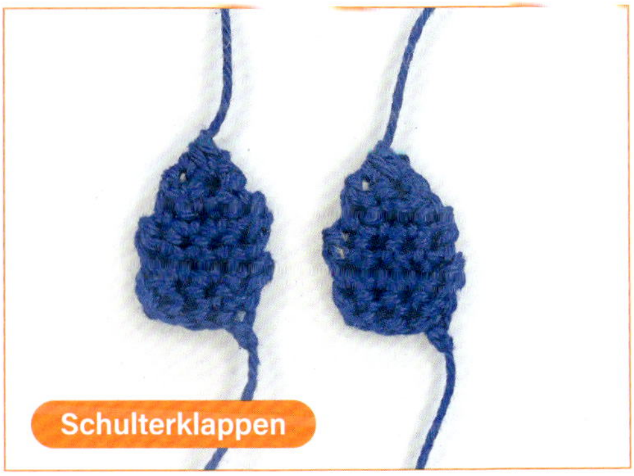
Schulterklappen

Die Beine und den Schwanz am Körper annähen. Den Kopf vorne auf dem Körper befestigen, das Halsband darum befestigen, dabei vorne anfangen, einmal um den Hals herum legen und das Band schließlich zur Brust führen. Den Stern auf dem Abzeichen befestigen und dieses auf der Brust annähen. Mit einem hellgrauen Garn vom unteren Ende des Abzeichens bis zum Ende der blauen Maschen den Bauch entlang sticken. Die Schulterklappen jeweils an der Schulter befestigen und in Sonne die entsprechenden Pfeile nach vorne aufsticken.

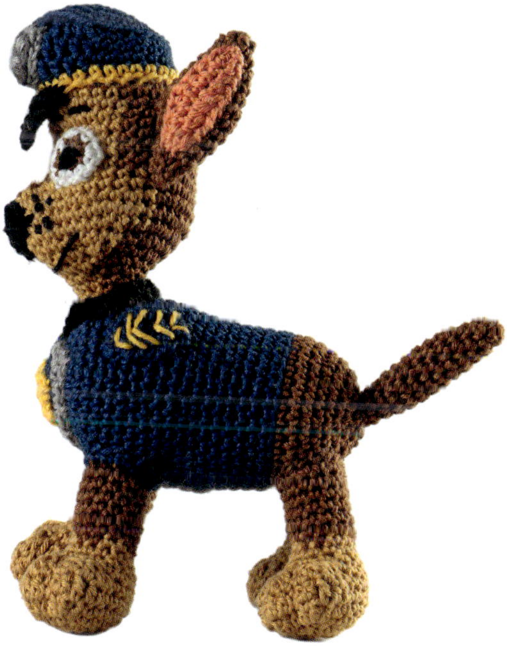

Das Cockapoo-Mädchen

Größe: ca. 14 cm hoch

Sie ist nicht nur schlau, sondern hat auch vor nichts Angst! Und bei jeder Luft-Rettungsaktion ist sie dank ihrer Flug-Fähigkeit dabei.

Wir benötigen

- Schachenmayr Catania (100 % Baumwolle, Lauflänge ca. 125 m/50 g)
- in den Farben Karamell (Fb 00440), Ivory (Fb 00436), Schwarz (Fb 00110), Cyclam (Fb 00114), Weiß (Fb 00106), Rosa (Fb 00246) und Rauchgrau (Fb 00435)
- alternativ: anderes Garn in Braun, Hellbraun, Schwarz, Pink, Weiß, Rosa und Grau
- Häkelnadel Nr. 2,5–3,5 mm
- Füllwatte zum Ausstopfen
- Schere, Nähnadel
- optional Maschenmarkierer und Stecknadeln

Für eine große Figur:

- myboshi No. 1 (Lauflänge ca. 55 m/50g): 100g in den Farben Ocker, Elfenbein, Kirsche; 50g in Schwarz, Weiß, Rose, Titangrau
- Häkelnadel Nr. 6,0 mm
- Füllwatte zum Ausstopfen

Anleitung

Kopf

Einen Fadenring in Karamell legen und in Spiralrunden fM häkeln.

1. Rd: 6 fM in den Fadenring
2. Rd: Jede M verd = 12 M
3. Rd: Jede 2. M verd = 18 M
4. Rd: Jede 3. M verd = 24 M
5. Rd: Jede 4. M verd = 30 M
6.–9. Rd: 30 fM (4 Runden)
10. Rd: 14 fM, FW zu Ivory, 1 fM, FW zu Karamell, 15 fM
11. Rd: 14 fM, FW zu Ivory, 2 fM, FW zu Karamell, 14 fM
12. Rd: 12 fM, FW zu Ivory, 3 fM, 3 LM, 1 fM in die 2. LM von der Nd aus, 1 fM, 1 fM in die nächste M am Körper, 2 fM, FW zu Karamell, 12 fM
13. Rd: 12 fM, FW zu Ivory, 1 M verd, 2 fM, entlang der LM-Kette: 1 fM, 1 M verd, zurück zum Kopf häkeln: 1 M verd, 1 fM, 2 fM, 1 M verd, FW zu Karamell, 12 fM = 38 M
14. Rd: 12 fM, FW zu Ivory, 15 fM, FW zu Karamell, 11 fM
15. Rd: 13 fM, FW zu Ivory, 2 fM, 2 M zus, 1 fM, 3 M zus, 1 fM, 2 M zus, 2 fM, FW zu Karamell, 12 fM = 34 M
16. Rd: 14 fM, FW zu Ivory, 2 M zus, 3 M zus,

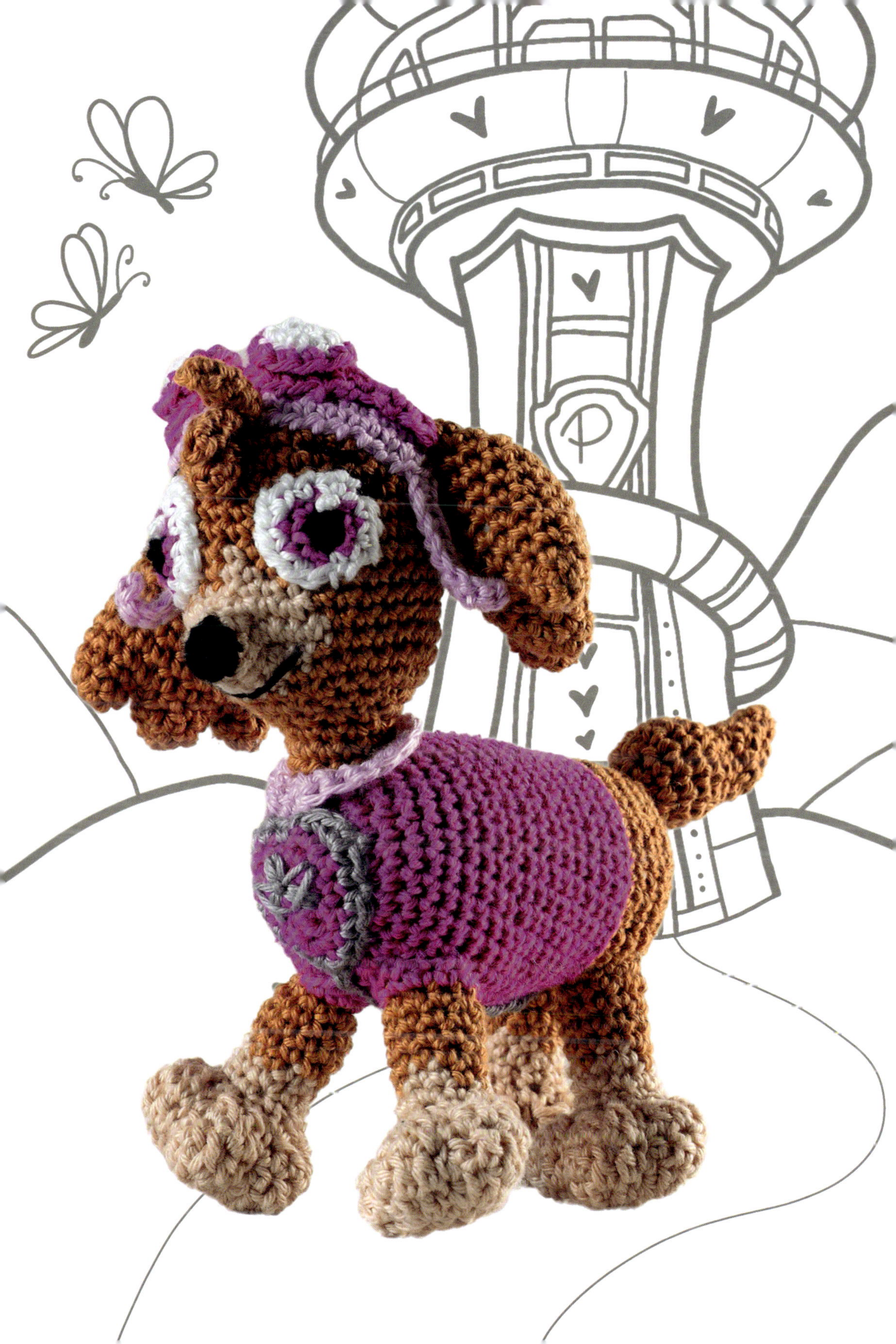

2 M zus, FW zu Karamell, 13 fm = 30 M
17. Rd: Jede 4. und 5. M zus = 24 M
18. Rd: Jede 3. und 4. M zus = 18 M
19. Rd: Jede 2. und 3. M zus = 12 M
20. und 21. Rd: 12 fM (2 Runden)
Den Faden lang abschneiden und durchziehen. Den Kopf und die Schnauze mit Füllwatte ausstopfen.

Ohren (2x häkeln)

Ohrspitzen (2x häkeln)

Einen Fadenring in Karamell legen und in Spiralrunden fM häkeln.
1. Rd: 6 fM in den Fadenring
2. Rd: 6 fM
Den Faden abschneiden und durchziehen.

Ohr

Einen Fadenring in Karamell legen und in Spiralrunden fM häkeln.
1. Rd: 6 fM in den Fadenring
2. Rd: Jede 3. M verd = 8 M
3. Rd: 8 fM
4. Rd: (1 fM in eine beliebige Masche einer Ohrspitze, 5 fM entlang der Runde, 1 fM in die nächste M am Ohr, 3 fM) x2 = 20 M
5. und 6. Rd: 20 fM (2 Runden)
7. Rd: Jede 4. und 5. M zus = 16 M
8.–10. Rd: 16 fM (3 Runden)
11. Rd: 4 fM, (2 M zus) x4, 4 fM = 12 M
12. Rd: 3 fM, (2 M zus) x3, 3 fM = 9 M
13. Rd: Jede 2. und 3. M zus = 6 M

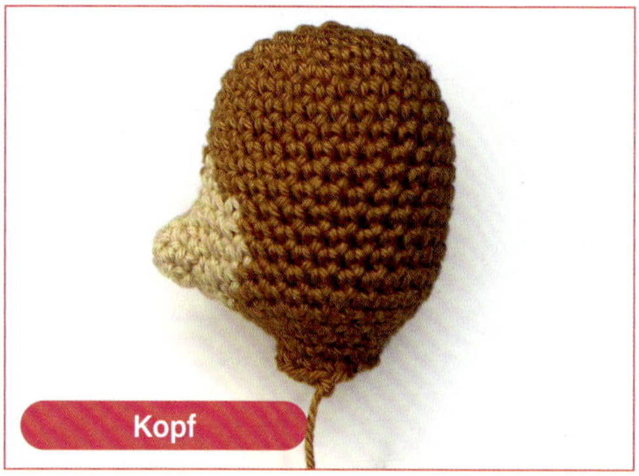
Kopf

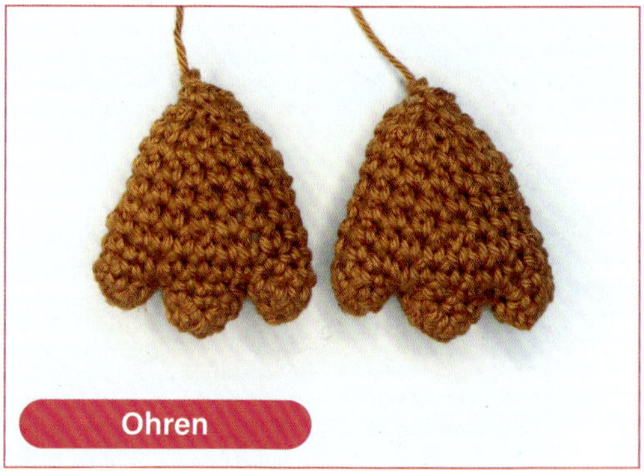
Ohren

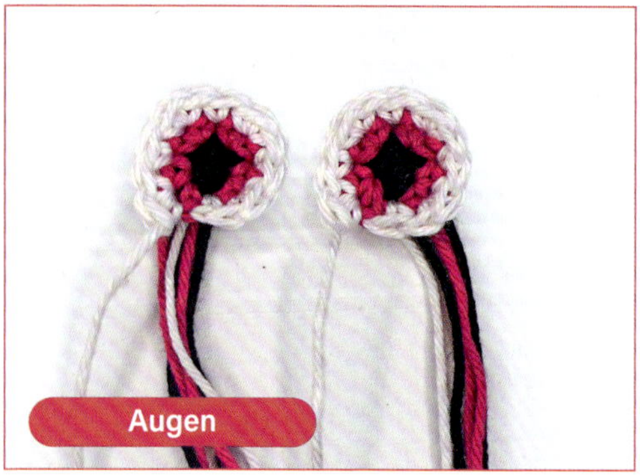
Augen

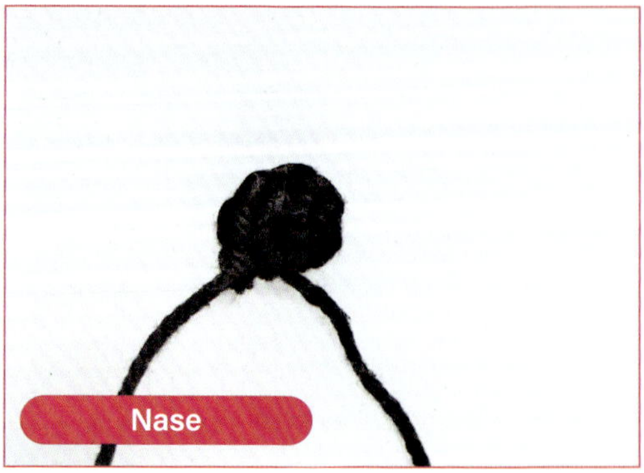
Nase

Augen (2x häkeln)

Einen Fadenring in Schwarz legen und in Spiralrunden fM häkeln.
1. Rd: 4 fM in den Fadenring
Den Faden abschneiden. FW zu Cyclam,
2. Rd: 4 M verd, den Faden abschneiden. FW zu Weiß, 1 fM = 8 M
3. Rd: (1 M verd, 1 fM) x4, 1 KM = 13 M
Den Faden lang abschneiden und durchziehen, noch nicht vernähen.

Nase

Einen Fadenring in Schwarz legen und in Spiralrunden fM häkeln.
1. Rd: 6 fM in den Fadenring
Den Faden lang abschneiden und durchziehen, noch nicht vernähen.

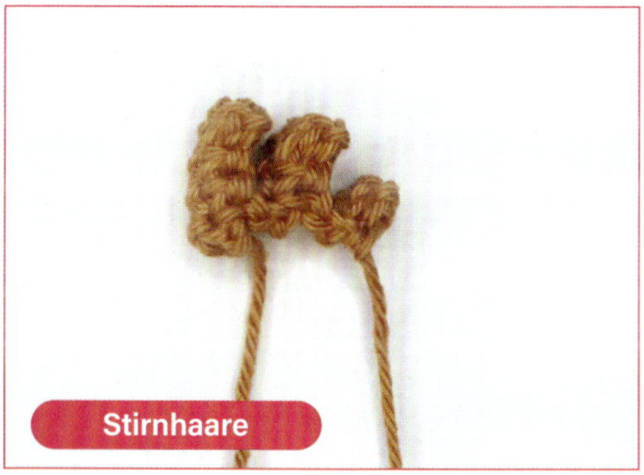

Stirnhaare

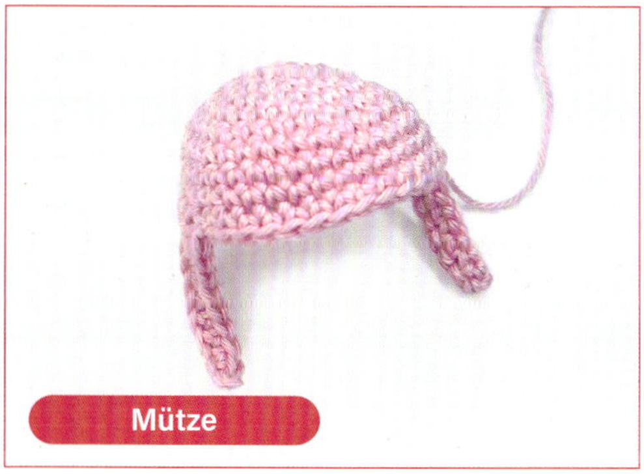

Mütze

Stirnhaare

In Karamell 5 LM anschl. und in Reihen fM häkeln.
1. R: 1 fM in die 2. LM von der Nadel aus, 3 fM, 1 W-LM
2. R: 4 fM, 1 W-LM
3. R: Das Häkelstück flach aufeinanderlegen und jeweils in 1 LM und 1 M der letzten Reihe einstechen: 1 KM, 3 fM, 4 LM
4. R: 1 fM in die 2. LM von der Nadel aus, 2 fM, 1 W-LM
5. R: 3 fM, 1 W-LM
6. R: Das Häkelstück flach aufeinanderlegen und jeweils in 1 LM und 1 M der letzten Reihe einstechen: 1 KM, 2 fM, 3 LM
7. R: 1 fM in die 2. LM von der Nadel aus, 1 fM, 1 W-LM
8. R: 2 fM, 1 W-LM
9. R: Das Häkelstück flach aufeinander legen und jeweils in 1 LM und 1 M der letzten Reihe einstechen: 1 KM, 1 fM
Den Faden lang abschneiden und durchziehen.

Mütze

Einen Fadenring in Rosa legen und in Spiralrunden fM häkeln.
1. Rd: 6 fM in den Fadenring
2. Rd: Jede M verd = 12 M
3. Rd: Jede 2. M verd = 18 M
4. Rd: Jede 3. M verd = 24 M
5. Rd: Jede 4. M verd = 30 M
6. Rd: (1 fM, 1 M verd, 3 fM) x6 = 36 M
7. und 8. Rd: 36 fM (2 Runden)
9. Rd: 16 fM, 10 LM, 1 KM in die 2. LM von der Nadel aus, 8 fM, 1 fM in die nächste M der Runde, 17 fM, 10 LM, 1 KM in die 2. LM von der Nadel aus, 8 fM, 1 fM in die nächste M der Runde, 1 fM, 1 KM
Faden lang abschneiden und durchziehen.

Brille

Brillengläser (2x häkeln)

Einen Fadenring in Weiß legen und in Spiralrunden fM häkeln.

1. Rd: 5 fM in den Fadenring
2. Rd: Jede M verd = 10 M

Den Faden abschneiden. FW zu Cyclam,

3. Rd: Nur in vordere Maschenglieder einstechen: 10 fM
4. Rd: In die jeweils hinteren Maschenglieder der 3. und 2. Rd einstechen: 10 fM

Für das erste Brillenglas den Faden nun abschneiden und durchziehen.

Für das zweite Glas wie folgt weiterhäkeln:

5. Rd: 6 LM, 1 KM in die 2. LM von der Nadel aus, 4 fM, nur in vordere Maschenglieder einstechen: 1 fM in die nächste Masche der Runde, 4 fM, 2 LM, an einer beliebigen Masche des ersten Brillenglases weiterhäkeln, dabei ebenfalls nur in die vorderen Maschenglieder einstechen: 5 fM, 6 LM, 1 KM in die 2. LM von der Nadel aus, 4 fM, weiterhin nur in vordere Maschenglieder einstechen: 5 fM, 2 fM entlang der LM zurück zum zweiten Brillenglas, wieder nur in die vorderen Maschenglieder einstechen: 5 fM

Den Faden lang abschneiden und durchziehen.

Körper

Einen Fadenring in Cyclam legen und in Spiralrunden fM häkeln.

1. Rd: 6 fM in den Fadenring
2. Rd: Jede M verd = 12 M
3. Rd: Jede 2. M verd = 18 M
4. Rd: Jede 3. M verd = 24 M

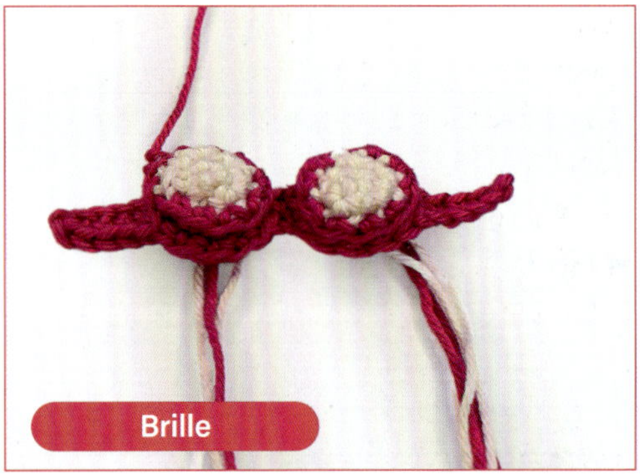
Brille

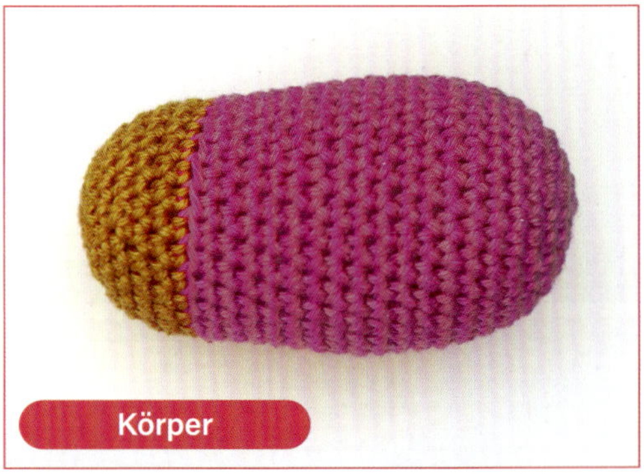
Körper

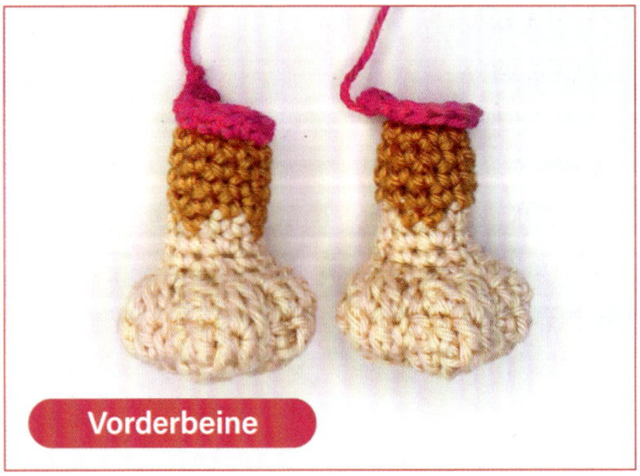
Vorderbeine

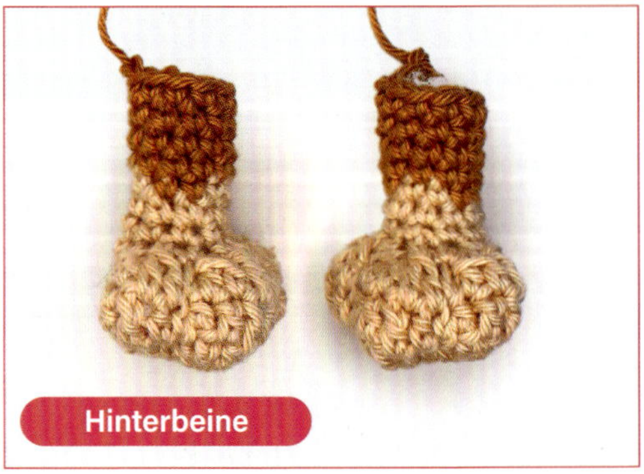
Hinterbeine

5. Rd: (1 fM, 1 M verd, 2 fM) x6 = 30 M
6.–17. Rd: 30 fM (12 Runden)
18. Rd: Jede 14. und 15. M zus = 28 M
19. und 20. Rd: 28 fM (2 Runden)
Den Faden abschneiden. FW zu Karamell,
21. Rd: Nur in hintere Maschenglieder einstechen: 28 fM
22. und 23. Rd: In beide Maschenglieder einstechen: 28 fM (2 Runden)
24. Rd: Jede 6. und 7. M zus = 24 M
25. Rd: 24 fM
Den Körper mit Füllwatte ausstopfen.
26. Rd: Jede 3. und 4. M zus = 18 M
27. Rd: Jede 2. und 3. M zus = 12 M
Den Körper vollständig mit Füllwatte ausstopfen.
28. Rd: Je 2 M zus = 6 M
Den Faden lang abschneiden und mit einer Wollnadel durch die Maschen der letzten Rd ziehen. Die Öffnung zusammenziehen, dabei eventuell noch etwas Füllwatte nachlegen. Den Faden vernähen.

Vorderbeine (2x häkeln)

Einen Fadenring in Ivory legen und in Spiralrunden fM häkeln.
1. Rd: 6 fM in den Fadenring
2. Rd: Jede M verd = 12 M
3. Rd: (1 hStb, 2 Stb, 1 hStb) in 1 M, 1 fM, (1 hStb, 2 Stb, 1 hStb) in 1 M, 1 fM, (1 hStb, 2 Stb, 1 hStb) in 1 M, 7 fM = 21 M
4. Rd: (1 hStb, 2 Stb, 1 hStb, 1 fM) x3, 6 fM = 21 M
5. Rd: (2 Stb zus) x2, 1 fM, (2 Stb zus) x2, 1 fM, (2 Stb zus) x2, 7 fM = 15 M
6. Rd: (2 M zus, 1 fM) x3, 6 fM = 12 M
7. Rd: Jede 3. und 4. M zus = 9 M
8. Rd: 2 fM, 1 M verd, 6 fM = 10 M, FW zu Karamell,
9. Rd: 2 fM, FW zu Ivory, 2 fM, FW zu Karamell, 2 fM, FW zu Ivory, 2 fM, FW zu Karamell, 2 fM
Den Ivory-Faden abschneiden.
10.–13. Rd: 10 fM (4 Runden), FW zu Cyclam,
14. Rd: Nur in vordere Maschenglieder einstechen: Jede 5. M verd = 12 M
Den Faden lang abschneiden und durchziehen. Das Bein und die Pfoten mit Füllwatte ausstopfen.

Hinterbeine (2x häkeln)

Einen Fadenring in Ivory legen und in Spiralrunden fM häkeln.
1. Rd: 6 fM in den Fadenring
2. Rd: Jede M verd = 12 M
3. Rd: (1 hStb, 2 Stb, 1 hStb) in 1 M, 1 fM, (1 hStb, 2 Stb, 1 hStb) in 1 M, 1 fM, (1 hStb, 2 Stb, 1 hStb) in 1 M, 7 fM = 21 M
4. Rd: (1 hStb, 2 Stb, 1 hStb, 1 fM) x3, 6 fM
5. Rd: (2 Stb zus) x2, 1 fM, (2 Stb zus) x2, 1 fM, (2 Stb zus) x2, 7 fM = 15 M
6. Rd: (2 M zus, 1 fM) x3, 6 fM = 12 M
7. Rd: Jede 3. und 4. M zus = 9 M
8. Rd: 2 fM, 1 M verd, 6 fM = 10 M, FW zu Karamell,
9. Rd: 2 fM, FW zu Ivory, 2 fM, FW zu Karamell, 2 fM, FW zu Ivory, 2 fM, FW zu Karamell, 2 fM
Den Ivory-Faden abschneiden.
10.–13. Rd: 10 fM (4 Runden)
Den Faden lang abschneiden und durchziehen. Das Bein und die Pfoten mit Füllwatte ausstopfen.

Schwanz

Einen Fadenring in Karamell legen und in Spiralrunden fM häkeln.
1. Rd: 5 fM in den Fadenring
2. Rd: 1 M verd, 4 fM = 6 M
3. Rd: 2 M verd, 4 fM = 8 M
4. Rd: 8 fM
5. Rd: 1 fM, 2 M verd, 1 fM, (2 M zus) x2 = 6 M
6. Rd: 2 fM, 2 M verd, 4 fM = 10 M
7. Rd: Jede 5. M verd = 12 M
8. und 9. Rd: 12 fM (2 Runden)
10. Rd: Jede 3. und 4. M zus = 9 M
11. Rd: Jede 2. und 3. M zus = 6 M
Den Faden abschneiden und durchziehen, noch nicht vernähen. Den Schwanz mit Füllwatte ausstopfen.

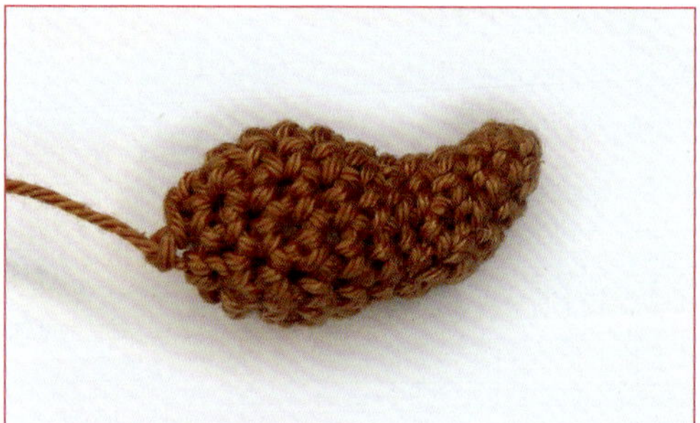
Schwanz

Halsband

In Rosa 22 LM anschl. und in Reihen fM häkeln.
1. R: 1 fM in die 2. LM von der Nd aus, 20 fM
Den Faden lang abschneiden und durchziehen.

Brust-Abzeichen

Einen Fadenring in Cyclam legen und in Spiralrunden fM häkeln.
1. Rd: 6 fM in den Fadenring
2. Rd: 1 fM, 1 M verd, 1 fM, (1 hStb, 1 Stb, 1 hStb) in 1 M, 1 fM, 1 M verd = 10 M
3. Rd: 2 fM, 1 M verd, 2 fM, 3 fM in 1 M, 3 fM, 1 M verd = 14 M
Den Faden abschneiden. FW zu Rauchgrau,
4. Rd: 2 fM, 3 fM in 1 M, 4 fM, 3 fM in 1 M, 4 fM, 3 fM in 1 M, 1 fM = 20 M, 1 KM in die erste M der Runde

Fertigstellen

Die Mütze auf dem Kopf platzieren, dabei darauf achten, dass noch genug Platz für Augen, Augenbrauen und Stirnhaare bleibt. Dazu sollte das erste Bändchen der Mütze rechts und das zweite entsprechend auf der linken Seite liegen. Die Brille auf der Mütze festnähen und diese wiederum am Kopf annähen. Die Ohren seitlich an der Mütze befestigen,

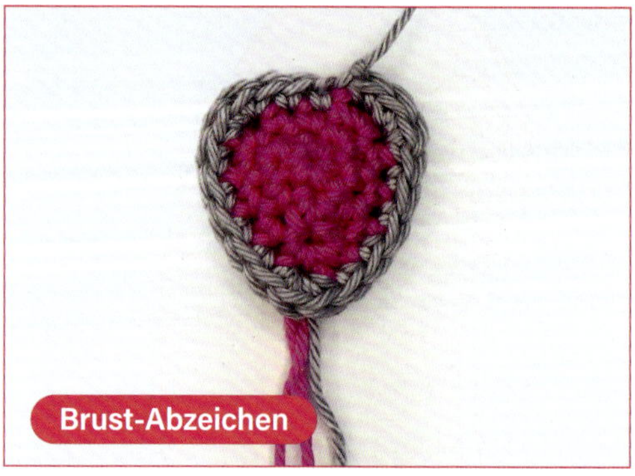
Brust-Abzeichen

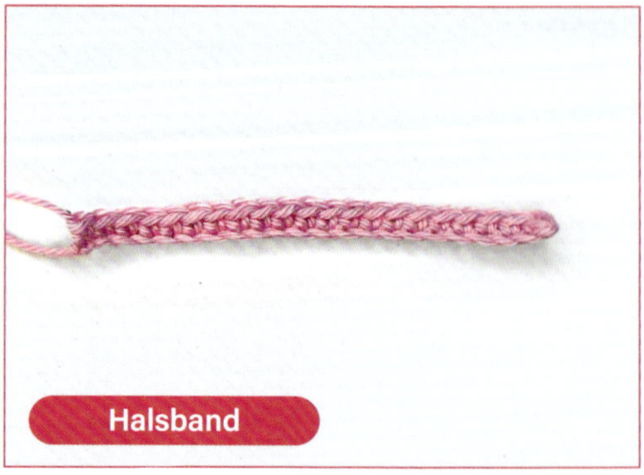
Halsband

Augen, Haarbüschel und Nase am Kopf festnähen. Mit einem Stück weißen Garn jeweils einen kleinen Punkt in die Augen sticken. Mit schwarzem Garn die Augenbrauen, Wimpern und den Mund auf das Gesicht sticken.
Die Beine und den Schwanz am Körper annähen. Den Kopf vorne auf dem Körper befestigen, das Halsband darum befestigen, dabei vorne anfangen, einmal um den Hals herum arbeiten und das Band schließlich zur Brust führen. In Rauchgrau das Brustabzeichen besticken und dieses auf der Brust annähen. Mit einem grauen Stück Garn vom unteren Ende des Abzeichens bis zum Ende der cyclamfarbenen Maschen den Bauch entlang sticken.

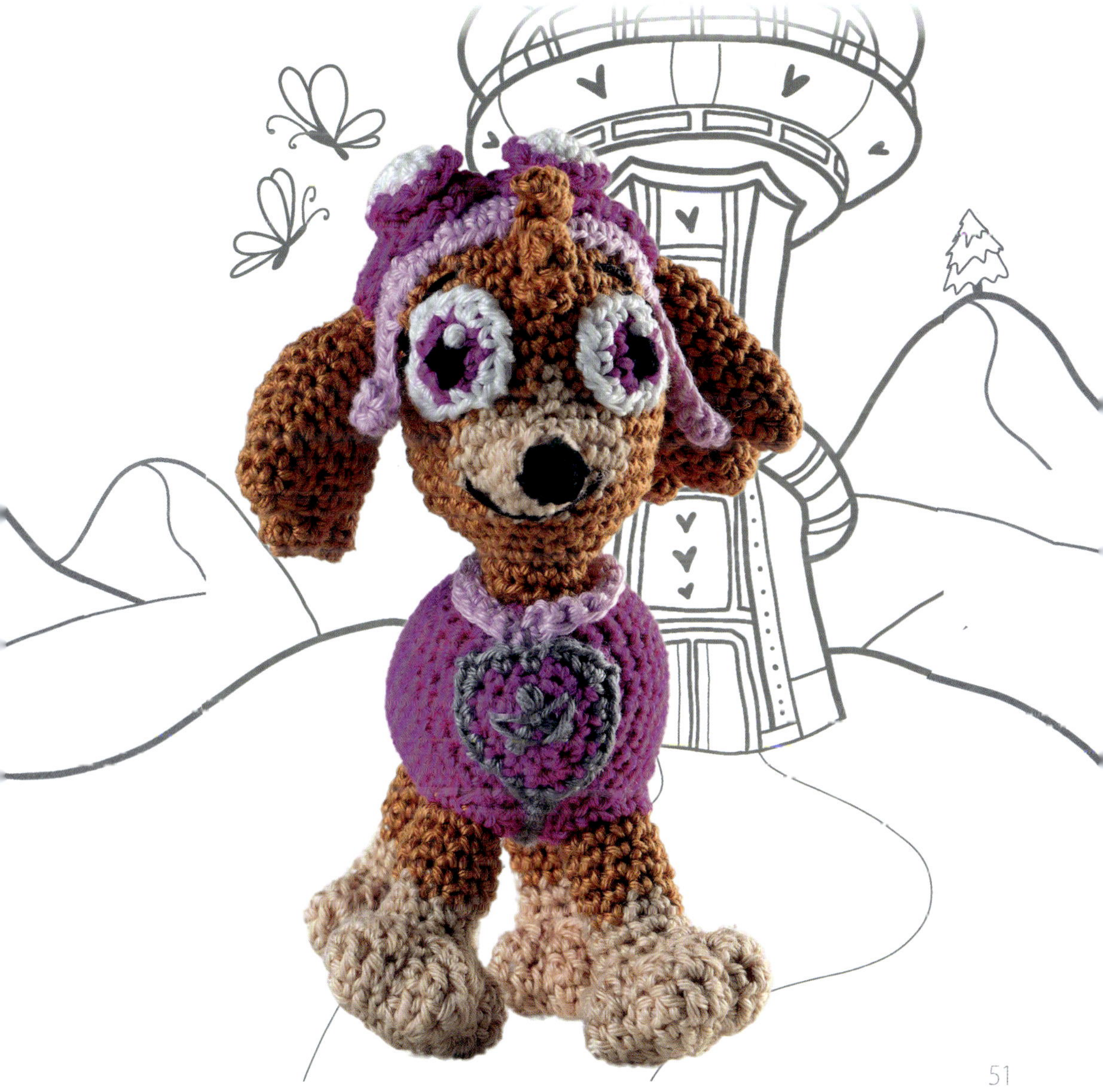

Der Labrador

Größe: ca. 17 cm hoch

Dieser süße und verspielte Welpe liebt das Wasser. Kein Wunder also, dass er bei jeder Rettungsmission auf dem Wasser dabei ist.

Wir benötigen

- Schachenmayr Catania (100 % Baumwolle, Lauflänge ca. 125 m/50 g)
- in den Farben: Marone (Fb 00157), Schwarz (Fb 00110), Camouflage (Fb 00414), Weiß (Fb 00106), Jaffa (Fb 00189), Anthrazit (Fb 00429), Rauchgrau (Fb 00435) und Jeans (Fb 00164),
- alternativ: anderes Garn in Braun, Schwarz, Olivgrün, Weiß, Orange, Dunkelgrau, Grau und Dunkelblau
- Häkelnadel Nr. 2,5–3,5 mm
- Füllwatte zum Ausstopfen
- Schere, Nähnadel
- optional Maschenmarkierer und Stecknadeln

Anleitung

Kopf

Einen Fadenring in Marone legen und in Spiralrunden fM häkeln.

1. Rd: 6 fM in den Fadenring
2. Rd: Jede M verd = 12 M
3. Rd: Jede 2. M verd = 18 M
4. Rd: Jede 3. M verd = 24 M
5. Rd: Jede 4. M verd = 30 M

6.–11. Rd: 30 fM (6 Runden)

12. Rd: 15 fM, 4 LM, 1 fM in die 2. LM von der Nd aus, 2 fM, 1 fM in die nächste M am Körper, 14 fM
13. Rd: 15 fM, entlang der LM-Kette weiterhäkeln: 2 fM, 1 M verd, zurück zum Körper häkeln: 1 M verd, 2 fM, 1 fM am Körper, 14 fM = 38 M
14. Rd: 15 fM, 2 M zus, 4 fM, 2 M zus, 15 fM = 36 M

15. und 16. Rd: 36 fM (2 Runden)

17. Rd: 15 fM, 7 Stb zus, 14 fM = 30 M
18. Rd: 30 fM
19. Rd: Jede 4. und 5.M zus = 24 M
20. Rd: Jede 3. und 4. M zus = 18 M
21. Rd: Jede 2. und 3. M zus = 12 M

22. und 23. Rd: 12 fM (2 Runden)

Den Faden lang abschneiden und durchziehen. Den Kopf und die Schnauze mit Füllwatte ausstopfen.

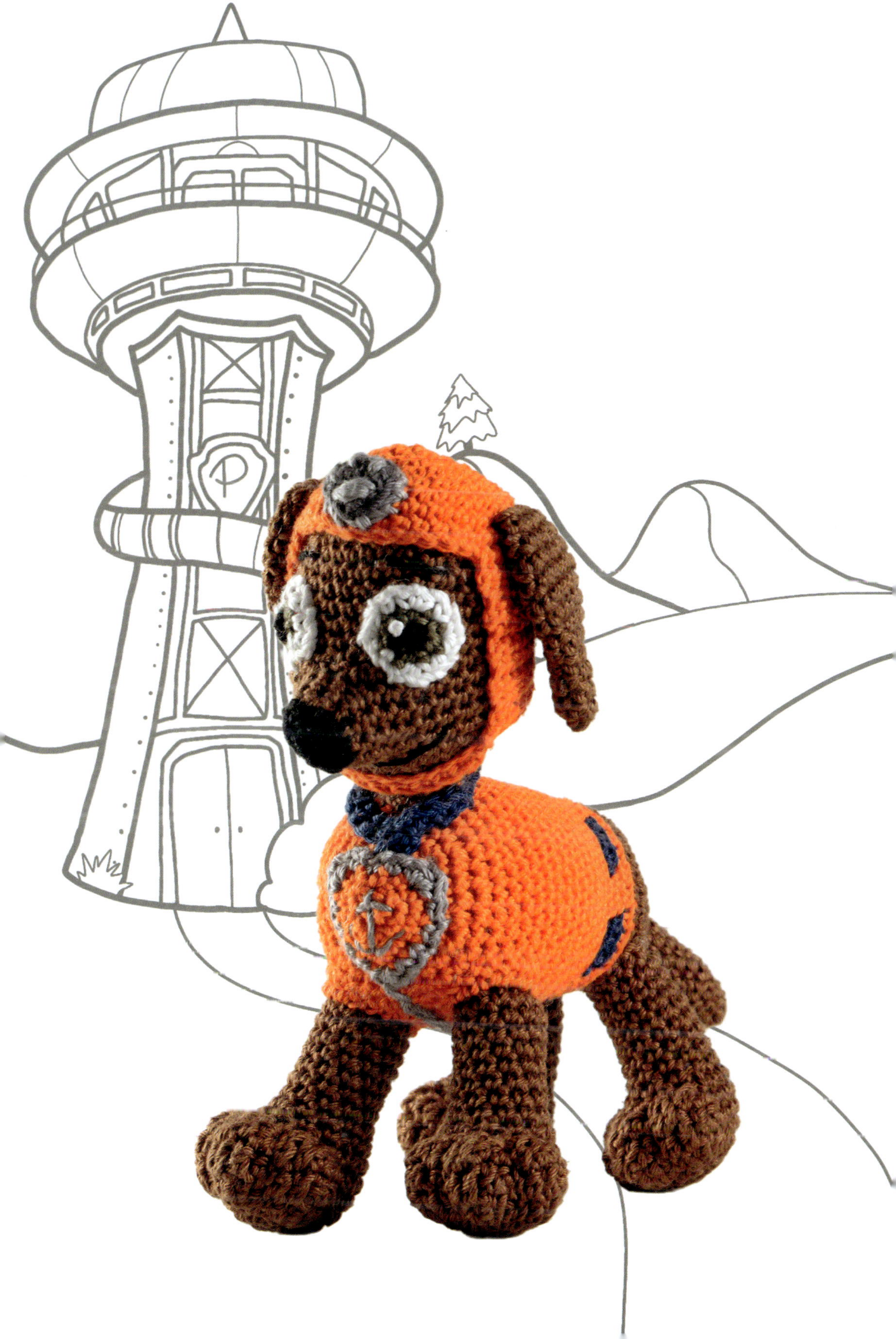

Ohren (2x häkeln)

Einen Fadenring in Marone legen und in Spiralrunden fM häkeln.

1. Rd: 6 fM in den Fadenring
2. Rd: 6 fM
3. Rd: Jede 2. M verd = 9 M
4. Rd: 9 fM
5. Rd: Jede 3. M verd = 12 M
6. Rd: Jede 4. M verd = 15 M
7. Rd: (1 fM, 1 M verd, 3 fM) x3 = 18 M
8. Rd: Jede 6. M verd = 21 M
9. Rd: (2 fM, 1 M verd, 4 fM) x3 = 24 M
10. und 11. Rd: 24 fM (2 Runden)
12. Rd: Jede 3. und 4. M zus = 18 M
13. Rd: 18 fM

Den Faden lang abschneiden und durchziehen, noch nicht vernähen.

Augen (2x häkeln)

Einen Fadenring in Schwarz legen und in Spiralrunden fM häkeln.

1. Rd: 4 fM in den Fadenring

Den Faden abschneiden. FW zu Camouflage,

2. Rd: Jede M verd = 8 M

Den Faden abschneiden. FW zu Weiß,

3. Rd: Jede 2. M verd = 12 M

Den Faden lang abschneiden und durchziehen, noch nicht vernähen.

Nase

Einen Fadenring in Schwarz legen und in Spiralrunden fM häkeln.

1. Rd: 5 fM in den Fadenring
2. Rd: (3 fM in 1 M) x3, 2 fM = 11 M

Den Faden lang abschneiden und durchziehen, noch nicht vernähen.

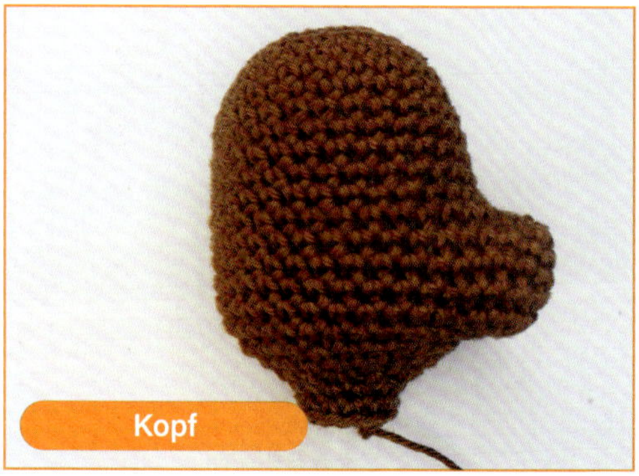
Kopf

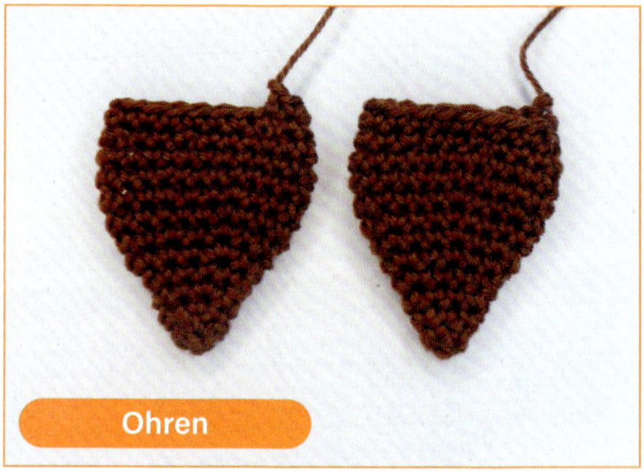
Ohren

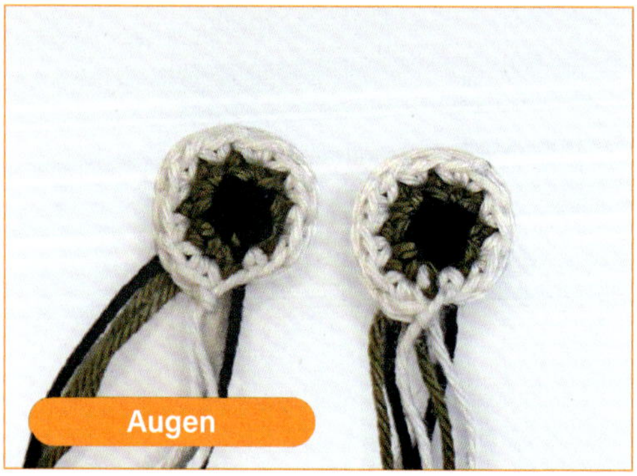
Augen

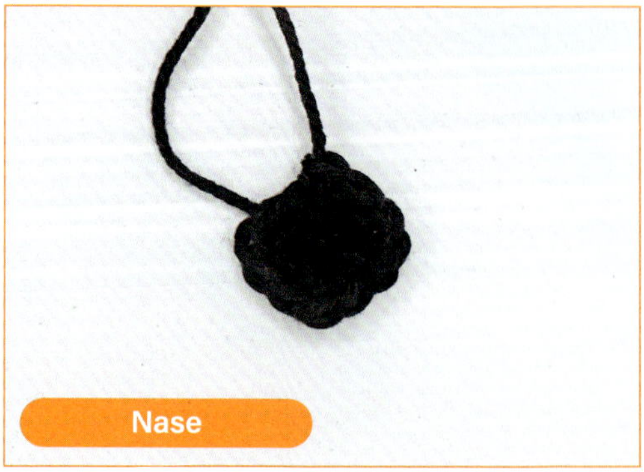
Nase

Helm

Einen Fadenring in Jaffa legen und in Spiralrunden fM häkeln.
1. Rd: 6 fM in den Fadenring
2. Rd: Jede M verd = 12 M
3. Rd: Jede 2. M verd = 18 M
4. Rd: Jede 3. M verd = 24 M
5. Rd: Jede 4. M verd = 30 M
6. Rd: (1 fM, 1 M verd, 3 fM) x6 = 36 M
7. und 8. Rd: 36 fM (2 Runden), 1 W-LM, den Helm in Reihen fertig häkeln:
1. und 2. R: 24 fM, 1 W-LM (2 Reihen)
3. R: 2 M zus, 20 fM, 2 M zus = 22 M, 1 W-LM
4.–7. R: 22 fM, 1 W-LM (4 Reihen)
8. R: 2 M zus, 18 fM, 2 M zus = 20 M, 1 W-LM
9. R: 20 fM, 12 LM, 1 KM in die erste fM der Reihe, ohne W-LM wenden, die KM überspringen und entlang der LM-Kette 12 fM zurück häkeln, 1 KM in die 20. fM der Reihe = die letzte fM vor der LM-Kette.
Den Faden lang abschneiden und durchziehen.

Helm-Abzeichen

Einen Fadenring in Anthrazit legen und in Spiralrunden fM häkeln.
1. Rd: 6 fM in den Fadenring
2. Rd: 1 fM, 1 M verd, 1 fM, (1 hStb, 1 St, 1 hStb) in 1 M, 1 fM, 1 M verd = 10 M
Den Faden abschneiden. FW zu Rauchgrau,
3. Rd: Nur in hintere Maschenglieder einstechen: 10 KM, 1 KM in die 1. M der Runde
Den Faden lang abschneiden und durchziehen.

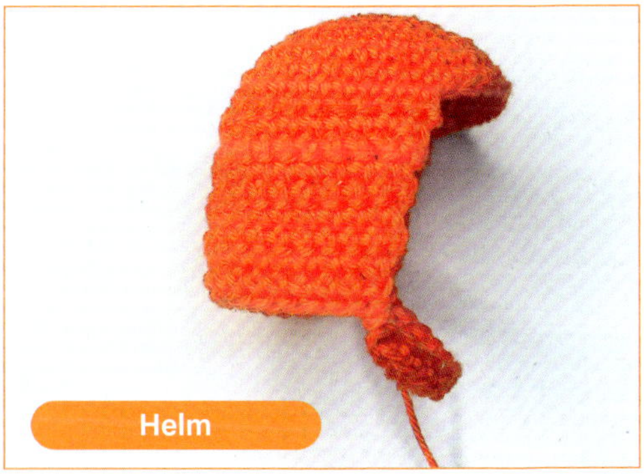

Helm

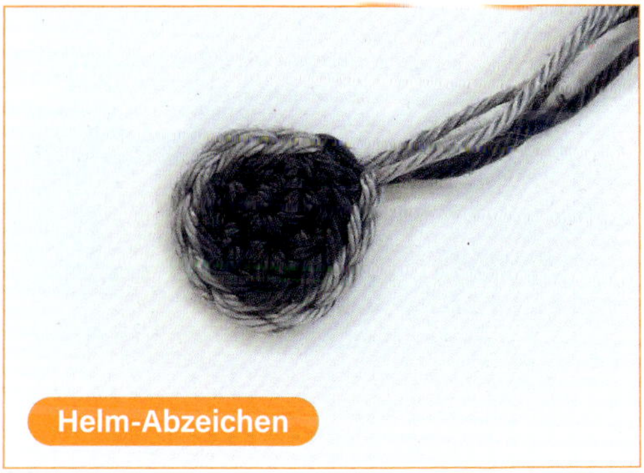

Helm-Abzeichen

Körper

Einen Fadenring in Jaffa legen und in Spiralrunden fM häkeln.

1. Rd: 6 fM in den Fadenring
2. Rd: Jede M verd = 12 M
3. Rd: Jede 2. M verd = 18 M
4. Rd: Jede 3. M verd = 24 M
5. Rd: Jede 4. M verd = 30 M
6. Rd: (1 fM, 1 M verd, 3 fM) x6 = 36 M

7.–14. Rd: 36 fM (8 Runden)

15. Rd: (5 fM, 2 M zus, 5 fM) x3 = 33 M
16. und 17. Rd: 33 fM (2 Runden)
18. Rd: Jede 10. und 11. M zus = 30 M
19. Rd: 30 fM
20. Rd: 2 fM, (FW zu Jeans, nur in hintere Maschenglieder einstechen: 3 fM, FW zu Jaffa, in beide Maschenglieder einstechen: 2 fM) x5, FW zu Jeans, nur in hintere Maschenglieder einstechen: 3 fM, FW zu Jaffa
21. Rd: in beide Maschenglieder einstechen: (2 fM, FW zu Jeans, 3 fM, FW zu Jaffa) x6
22. Rd: 2 fM, (nur in hintere Maschenglieder einstechen: 3 fM, in beide Maschenglieder einstechen: 2 fM) x5, nur in hintere Maschenglieder einstechen: 3 fM

Den Faden abschneiden. FW zu Marone,

23. Rd: Nur in hintere Maschenglieder einstechen: 30 fM
24. und 25. Rd: In beide Maschenglieder einstechen: 30 fM (2 Runden)
26. Rd: Jede 4. und 5. M zus = 24 M
27. Rd: 24 fM

Den Körper mit Füllwatte ausstopfen.

28. Rd: Jede 3. und 4. M zus = 18 M
29. Rd: Jede 2. und 3. M zus = 12 M

Körper vollständig mit Füllwatte ausstopfen.

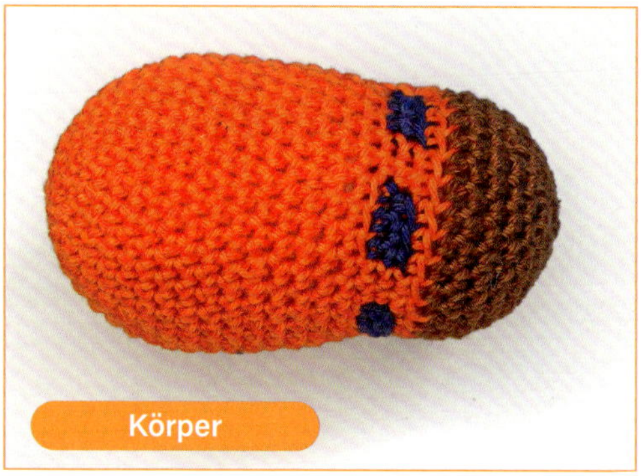
Körper

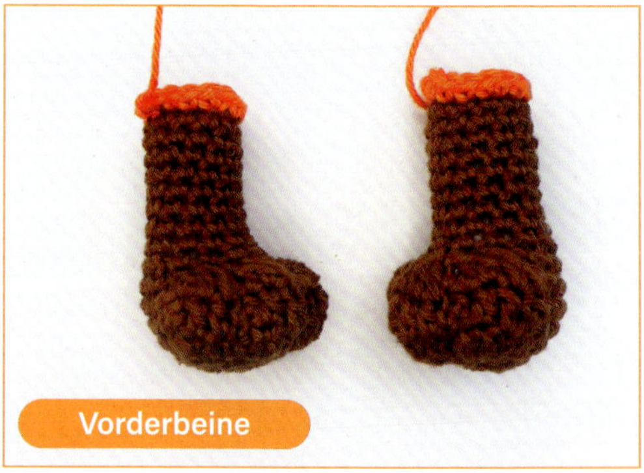
Vorderbeine

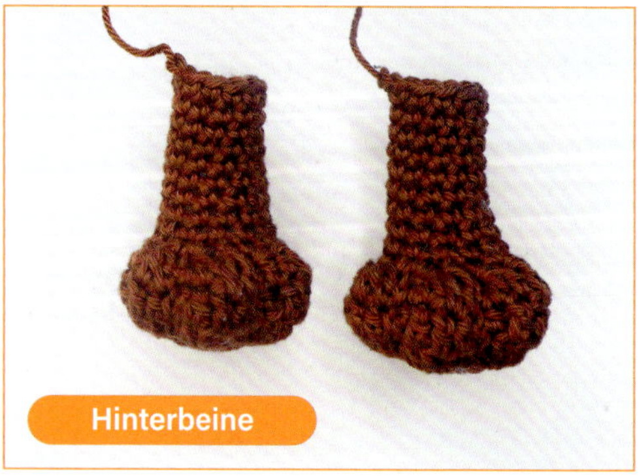
Hinterbeine

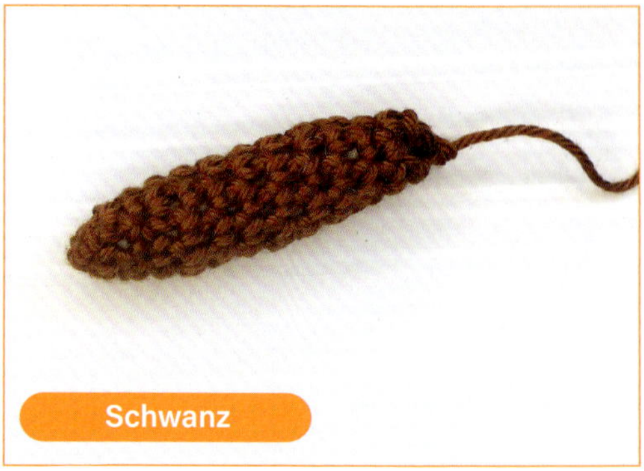
Schwanz

30. Rd: Je 2 M zus = 6 M

Den Faden lang abschneiden und mit einer Wollnadel durch die Maschen der letzten Rd ziehen. Die Öffnung zusammenziehen, dabei eventuell noch etwas Füllwatte nachlegen. Den Faden vernähen.

Vorderbeine (2x häkeln)

Einen Fadenring in Marone legen und in Spiralrunden fM häkeln.

1. Rd: 6 fM in den Fadenring
2. Rd: Jede M verd = 12 M
3. Rd: Jede 3. M verd = 16 M
4. Rd: 4 fM, (1 hStb, 2 Stb, 1 hStb) in 1 M, 1 fM, (1 hStb, 2 Stb, 1 hStb) in 1 M, 1 fM, (1 hStb, 2 Stb, 1 hStb) in 1 M, 7 fM = 25 M
5. Rd: 4 fM (1 hStb, 2 Stb, 1 hStb, 1 fM) x3, 6 fM
6. Rd: 4 fM, (2 Stb zus) x2, 1 fM, (2 Stb zus) x2, 1 fM, (2 Stb zus) x2, 7 fM = 19 M
7. Rd: 4 fM, (2 M zus, 1 fM) x3, 6 fM = 16 M
8. Rd: Jede 3. und 4. M zus = 12 M

9.–16. Rd: 12 fM (8 Runden)

Den Faden abschneiden. FW zu Jaffa

17. Rd: Nur in vordere Maschenglieder einstechen: Jede 3. M verd = 16 M

Den Faden lang abschneiden und durchziehen. Die Beine und die Pfoten mit Füllwatte ausstopfen.

Hinterbeine (2x häkeln)

Einen Fadenring in Marone legen und in Spiralrunden fM häkeln.

1. Rd: 6 fM in den Fadenring
2. Rd: Jede M verd = 12 M
3. Rd: Jede 3. M verd = 16 M
4. Rd: 4 fM, (1 hStb, 2 Stb, 1 hStb) in 1 M, 1 fM, (1 hStb, 2 Stb, 1 hStb) in 1 M, 1 fM, (1 hStb, 2 Stb, 1 hStb) in 1 M, 7 fM = 25 M
5. Rd: 4 fM (1 hStb, 2 Stb, 1 hStb, 1 fM) x3, 6 fM
6. Rd: 4 fM, (2 Stb zus) x2, 1 fM, (2 Stb zus) x2, 1 fM, (2 Stb zus) x2, 7 fM = 19 M
7. Rd: 4 fM, (2 M zus, 1 fM) x3, 6 fM = 16 M
8. Rd: Jede 3. und 4. M zus = 12 M

9.–16. Rd: 12 fM (8 Runden)

Den Faden lang abschneiden und durchziehen. Die Beine und die Pfoten mit Füllwatte ausstopfen.

Schwanz

Einen Fadenring in Marone legen und in Spiralrunden fM häkeln.

1. Rd: 4 fM in den Fadenring
2. Rd: Jede 2. M verd = 6 M
3. Rd: 6 fM
4. Rd: Jede 3. M verd = 8 M
5. und 6. Rd: 8 fM (2 Runden), FW zu Rauchgrau

7.–10. Rd: 8 fM (4 Runden)

11. Rd: Jede 3. und 4. M zus = 6 M
12. und 13. Rd: 6 fM (2 Runden)

Halsband

In Jeans 25 LM anschl. und in Reihen fM häkeln.

1. R: 1 fM in die 2. LM von der Nd aus, 23 fM

Den Faden lang abschneiden und durchziehen.

Brust-Abzeichen

Einen Fadenring in Jaffa legen und in Spiralrunden fM häkeln.

1. Rd: 6 fM in den Fadenring
2. Rd: 1 fM, 1 M verd, 1 fM, (1 hStb, 1 Stb, 1 hStb) in 1 M, 1 fM, 1 M verd = 10 M
3. Rd: 2 fM, 1 M verd, 2 fM, 3 fM in 1 M, 3 fM, 1 M verd = 14 M

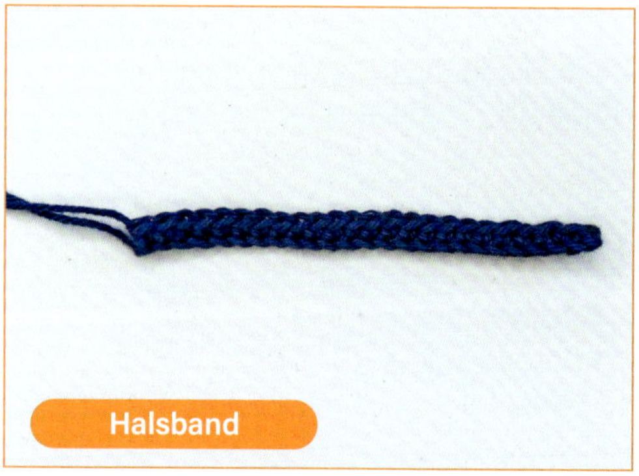

Halsband

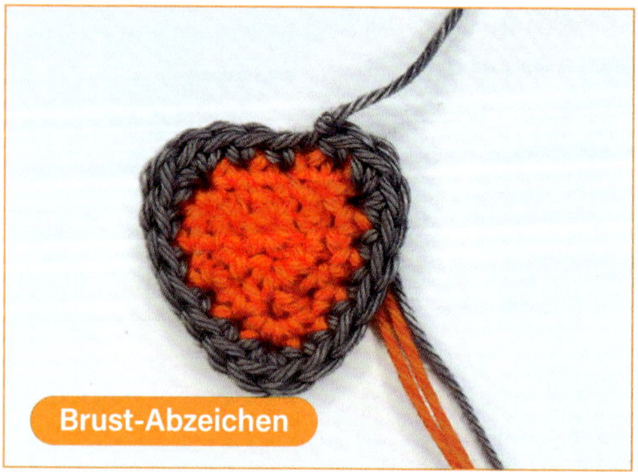

Brust-Abzeichen

Den Faden abschneiden. FW zu Rauchgrau,

4. Rd: 2 fM, 3 fM in 1 M, 4 fM, 3 fM in 1 M, 4 fM, 3 fM in 1 M, 1 fM = 20 M, 1 KM in die erste M der Runde

Fertigstellen

Mit dem Schlussfaden des Mützen-Abzeichens eine Pfote auf das Abzeichen sticken und diese anschließend vorne auf dem Helm annähen. Den Helm anziehen, dabei ist die Schluss-LM-Kette unter dem Kinn. Die Ohren seitlich am Kopf bzw. dem Helm befestigen. Augen und Nase am Kopf festnähen. Mit einem Stück weißen Garn jeweils einen kleinen Punkt in die Augen sticken. Mit schwarzem Garn die Augenbrauen und den Mund auf das Gesicht sticken.

Die Beine und den Schwanz am Körper annähen. Den Kopf vorne auf dem Körper befestigen, das Halsband darum befestigen, dabei vorne anfangen, einmal um den Hals herumlegen und das Band schließlich zur Brust führen. In Rauchgrau einen Anker auf das Brustabzeichen sticken und dieses auf der Brust annähen. Mit einem grauen Stück Garn vom unteren Ende des Abzeichens bis zum Ende der orangenen Maschen den Bauch entlang sticken.

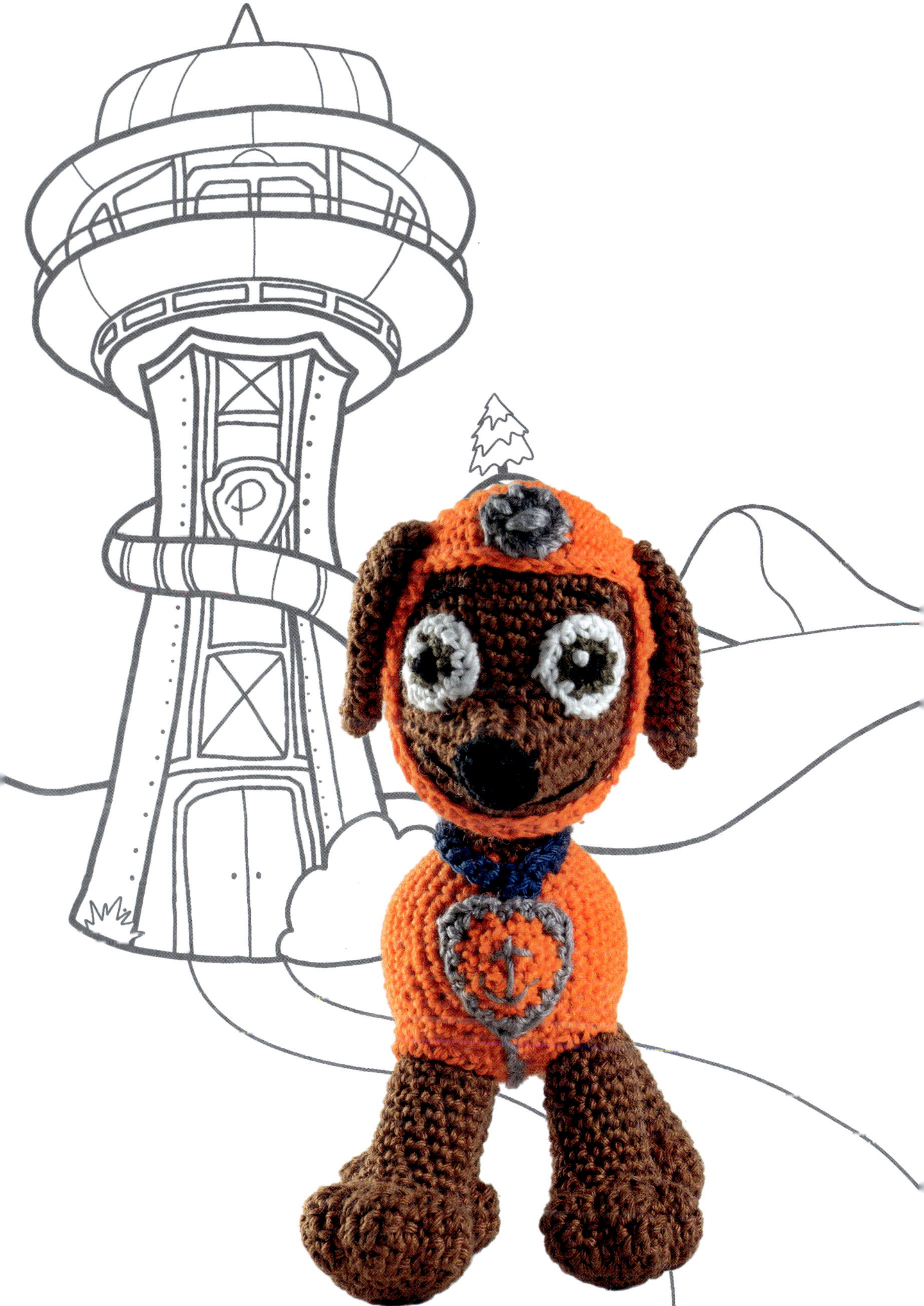

Der Mischling

Größe: ca. 17 cm hoch

Er ist clever, kreativ und ein richtiger Reparatur-Spezialist.
Wenn die Fellfreunde mal nicht weiterwissen, er hat immer eine gute Idee.

Wir benötigen

- Schachenmayr Catania (100 % Baumwolle, Lauflänge ca. 125 m/50 g)
- in den Farben Karamell (Fb 00440), Ivory (Fb 00436), Schwarz (Fb 00110), Cyclam (Fb 00114), Weiß (Fb 00106), Rosa (Fb 00246) und Rauchgrau (Fb 00435)
- alternativ: anderes Garn in Braun, Hellbraun, Schwarz, Pink, Weiß, Rosa und Grau
- Häkelnadel Nr. 2,5–3,5 mm
- Füllwatte zum Ausstopfen
- Schere, Nähnadel
- optional Maschenmarkierer und Stecknadeln

Anleitung

Kopf

Einen Fadenring in Rauchgrau legen und in Spiralrunden fM häkeln.

1. Rd: 6 fM in den Fadenring
2. Rd: Jede M verd = 12 M
3. Rd: Jede 2. M verd = 18 M
4. Rd: Jede 3. M verd = 24 M
5. Rd: Jede 4. M verd = 30 M

6.–11. Rd: 30 fM (6 Runden)

12. Rd: 15 fM, 4 LM, 1 fM in die 2. LM von der Nd aus, 2 fM, 1 fM in die nächste M am Körper, 14 fM

13. Rd: 10 fM, 1 M verd, 2 fM, 1 M verd, 1 fM, entlang der LM-Kette weiterhäkeln: 2 fM, 1 M verd, zurück zum Körper häkeln: 1 M verd, 2 fM, 1 fM am Körper, 1 M verd, 2 fM, 1 M verd, 10 fM = 42 M

14. Rd: 8 fM, 4 LM, 1 KM in die 2. LM von der Nd aus, 2 fM, 26 fM am Körper, 4 LM, 1 KM in die 2. LM von der Nd aus, 2 fM, 8 fM am Körper

15. Rd: 8 fM, das Büschel der Vorrunde überspringen, 1 fM, 4 LM, 1 KM in die 2. LM von der Nd aus, 2 fM, 24 fM am Körper, 4 LM, 1 KM in die 2. LM von der Nd aus, 2 fM, 1 fM am Körper, das Büschel der Vorrunde überspringen, 8 fM

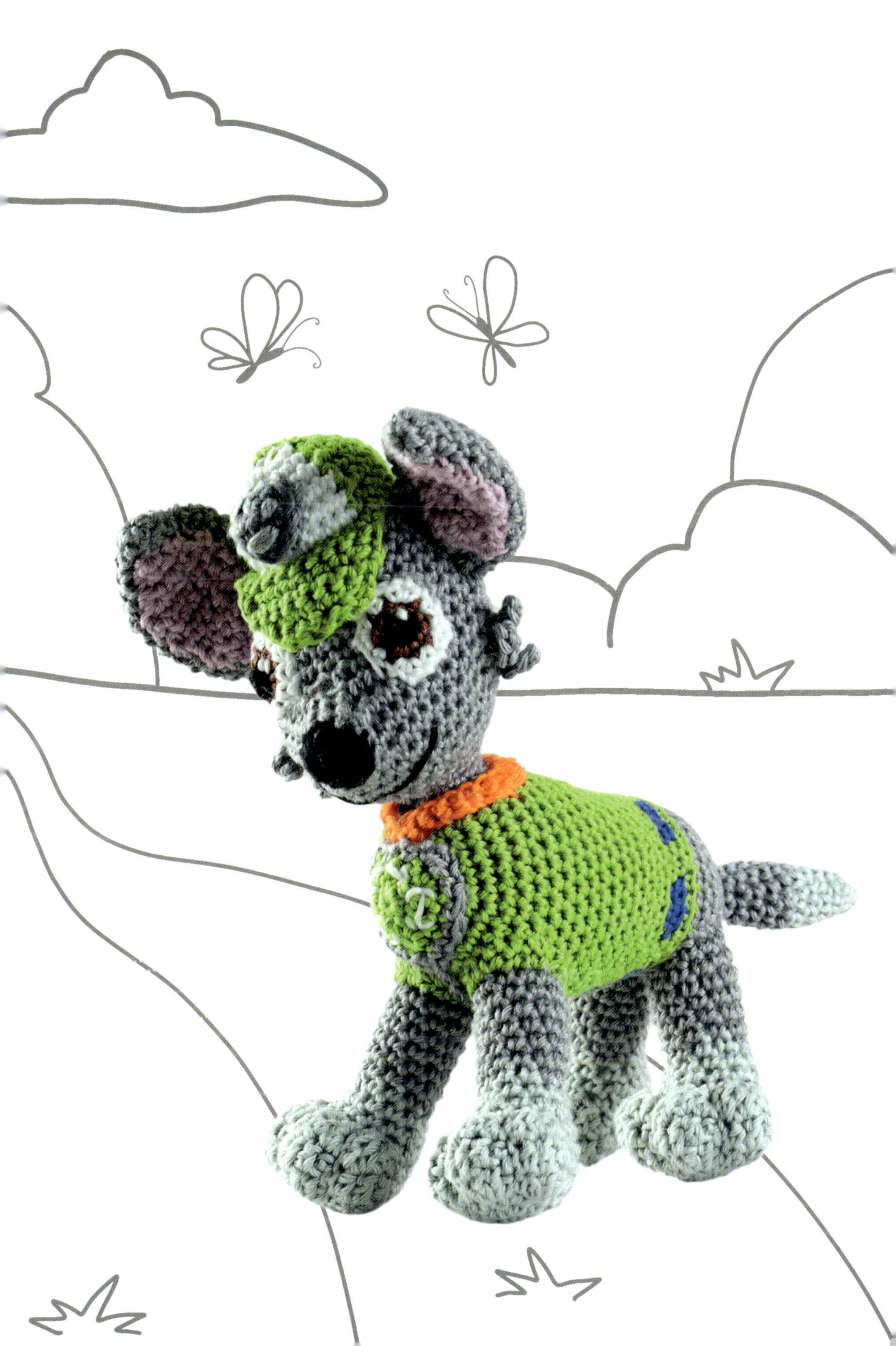

16. Rd: 8 fM, 4 LM, 1 KM in die 2. LM von der Nd aus, 2 fM, 1 fM am Körper, das Büschel der Vorrunde überspringen, 11 fM, (2 M zus) x2, 9 fM, das Büschel der Vorrunde überspringen, 1 fM, 4 LM, 1 KM in die 2. LM von der Nd aus, 2 fM, 8 fM am Körper = 40 M
17. Rd: 8 fM, das Büschel der Vorrunde überspringen, 2 M zus, (8 fM, 2 M zus) x2, 2 fM, das Büschel der Vorrunde überspringen, 6 fM, 2 M zus = 36 M
18. Rd: Jede 5. und 6. M zus = 30 M
19. Rd: Jede 4. und 5.M zus = 24 M
20. Rd: Jede 3. und 4. M zus = 18 M
21. Rd: Jede 2. und 3. M zus = 12 M
22. und 23. Rd: 12 fM (2 Runden)
Den Faden lang abschneiden und durchziehen. Den Kopf und die Schnauze mit Füllwatte ausstopfen.

Ohren (2x häkeln)

Einen Fadenring in Rauchgrau legen und in Spiralrunden fM häkeln.
1. Rd: 6 fM in den Fadenring
2. Rd: 6 fM
3. Rd: Jede 2. M verd = 9 M
4. Rd: Jede 3. M verd = 12 M
5. Rd: Jede 4. M verd = 15 M
6. Rd: (1 fM, 1 M verd, 3 fM) x3 = 18 M
7.–10. Rd: 18 fM (4 Runden)
11. Rd: Jede 5. und 6. M zus = 15 M
12. Rd: 15 fM
13. Rd: Jede 4. und 5. M zus = 12 M
14. Rd: Jede 2. und 3. M zus = 8 M
15. Rd: Je 2 M zus = 4 M
Den Faden lang abschneiden und durchziehen, noch nicht vernähen.

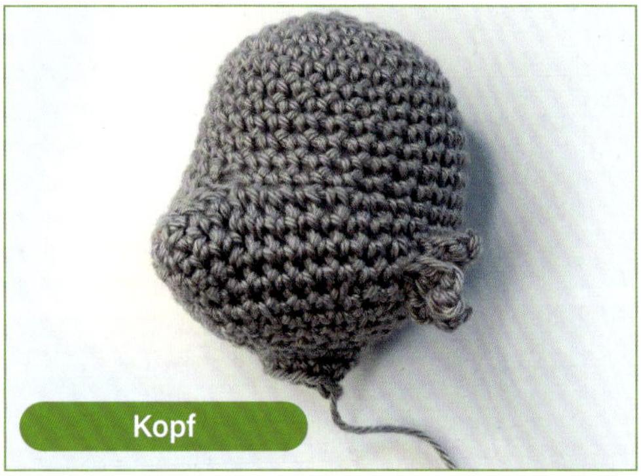

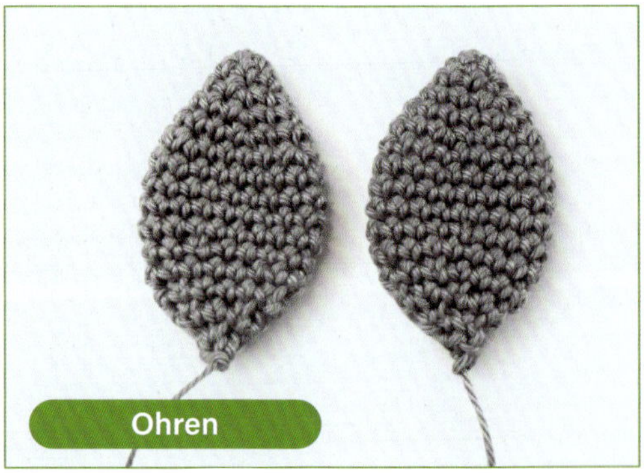

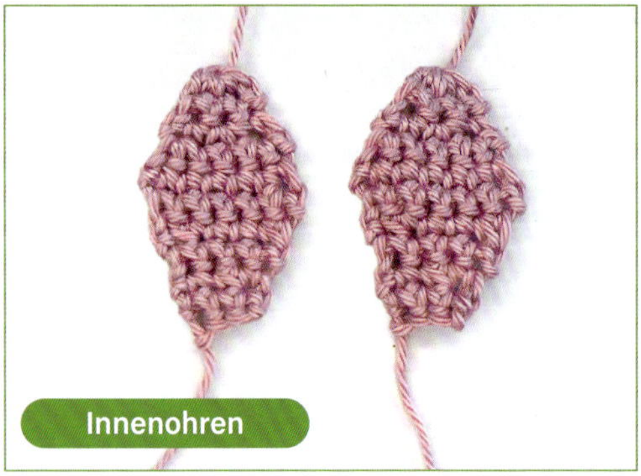

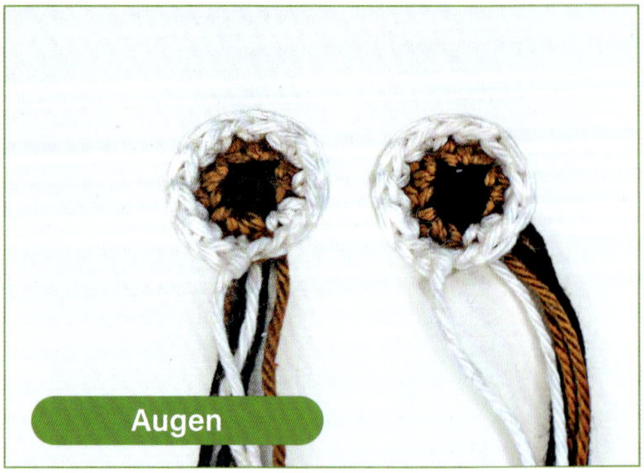

Innenohren (2x häkeln)

Einen Fadenring in Vintage legen und in Reihen fM häkeln.

1. R: 3 fM in den Fadenring, 1 W-LM
2. R: 3 fM, 1 W-LM
3. R: 1 fM, 1 M verd, 1 fM = 4 M, 1 W-LM
4. R: 1 M verd, 2 fM, 1 M verd = 6 M, 1 W-LM
5. und 6. R: 6 fM, 1 W-LM (2 Reihen)
7. R: 2 M zus, 2 fM, 2 M zus = 4 M, 1 W-LM
8. R: 4 fM, 1 W-LM
9. R: 1 fM, 2 M zus, 1 fM = 3 M, 1 W-LM
10. R: 3 fM

Den Faden lang abschneiden und durchziehen, noch nicht vernähen.

Augen (2x häkeln)

Einen Fadenring in Schwarz legen und in Spiralrunden fM häkeln.

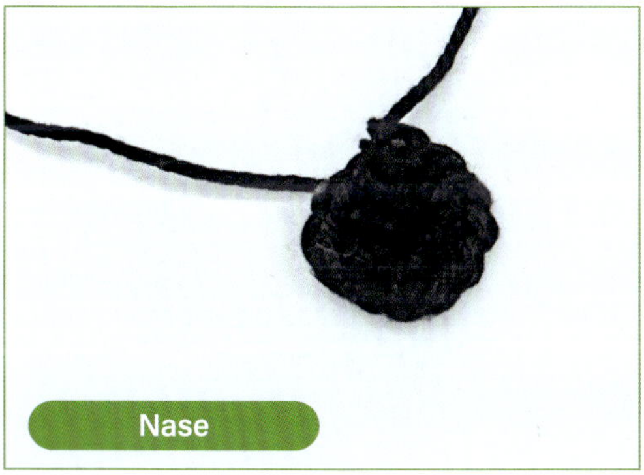
Nase

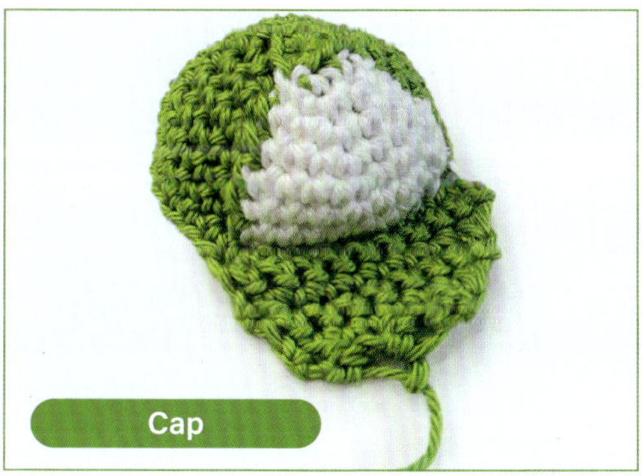
Cap

1. Rd: 4 fM in den Fadenring

Den Faden abschneiden. FW zu Marone,

2. Rd: Jede M verd = 8 M

Den Faden abschneiden. FW zu Weiß,

3. Rd: Jede 2. M verd = 12 M

Die Fäden lang abschneiden und durchziehen, noch nicht vernähen.

Nase

Einen Fadenring in Schwarz legen und in Spiralrunden fM häkeln.

1. Rd: 5 fM in den Fadenring
2. Rd: (3 fM in 1 M) x3, 2 fM = 11 M

Den Faden lang abschneiden und durchziehen, noch nicht vernähen.

Cap

Einen Fadenring in Apfel legen und in Spiralrunden fM häkeln.

1. Rd: 6 fM in den Fadenring, FW zu Weiß
2. Rd: Nur in hintere Maschenglieder einstechen: 2 M verd, FW zu Apfel, 4 M verd = 12 M, FW zu Weiß
3. Rd: In beide Maschenglieder einstechen: (1 fM, 1 M verd) x2, FW zu Apfel, (1 fM, 1 M verd) x4 = 18 M, FW zu Weiß
4. Rd: (2 fM, 1 M verd) x2, FW zu Apfel, (2 fM, 1 M verd) x4 = 24 M, FW zu Weiß
5. Rd: 3 fM, 1 M verd, 4 fM, FW zu Apfel, (3 fM, 1 M verd, 4 fM) x2 = 27 M, FW zu Weiß
6. Rd: 8 fM, 1 M verd, FW zu Apfel, (8 fM, 1 M verd) x2 = 30 M, FW zu Weiß
7. Rd: 10 fM, FW zu Apfel, 20 fM, FW zu Weiß
8. Rd: 10 fM, FW zu Apfel, 20 fM
9. Rd: Nur in vordere Maschenglieder einstechen: 1 M verd, 2 fM, (2 M zus) x2, 2 fM, 1 M verd = 10 M, 1 W-LM, für den Schirm die Cap in Reihen fertig häkeln:

1. R: In beide Maschenglieder einstechen: 10 fM, 1 W-LM

2. R: 2 M zus, 6 fM, 2 M zus = 8 M, 1 W-LM
3. R: 8 fM, 1 W-LM
4. R: 2 M zus, 4 fM, 2 M zus = 6 M, 1 W-LM
5. R: Je 2 M zus = 3 M
Den Faden lang abschneiden und durchziehen.

Cap-Abzeichen

Einen Fadenring in Anthrazit legen und in Spiralrunden fM häkeln.
1. Rd: 6 fM in den Fadenring
2. Rd: 1 fM, 1 M verd, 1 fM, (1 hStb, 1 St, 1 hStb) in 1 M, 1 fM, 1 M verd = 10 M
Den Faden abschneiden. FW zu Rauchgrau,
3. Rd: Nur in hintere Maschenglieder einstechen: 10 KM, 1 KM in die 1. M der Runde
Den Faden lang abschneiden und durchziehen.

Körper

Einen Fadenring in Apfel legen und in Spiralrunden fM häkeln.
1. Rd: 6 fM in den Fadenring
2. Rd: Jede M verd = 12 M
3. Rd: Jede 2. M verd = 18 M
4. Rd: Jede 3. M verd = 24 M
5. Rd: Jede 4. M verd = 30 M
6. Rd: (1 fM, 1 M verd, 3 fM) x6 = 36 M
7.–14. Rd: 36 fM (8 Runden)
15. Rd: (5 fM, 2 M zus, 5 fM) x3 = 33 M
16. und 17. Rd: 33 fM (2 Runden)
18. Rd: Jede 10. und 11. M zus = 30 M
19. Rd: 30 fM
20. Rd: 2 fM, (FW zu Royal, nur in hintere Maschenglieder einstechen: 3 fM, FW zu Apfel, in beide Maschenglieder einstechen: 2 fM) x5, FW zu Royal, nur in hintere

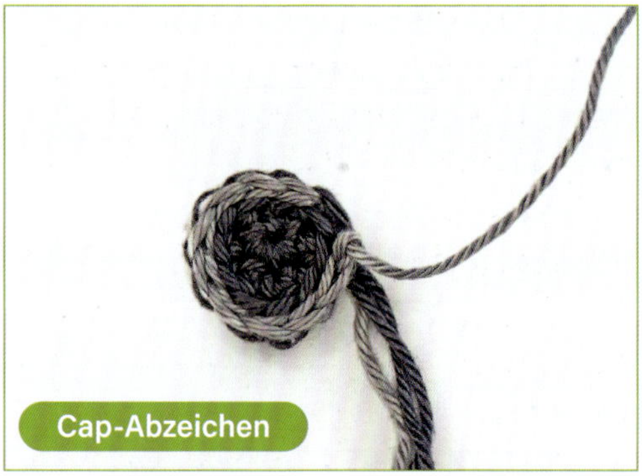
Cap-Abzeichen

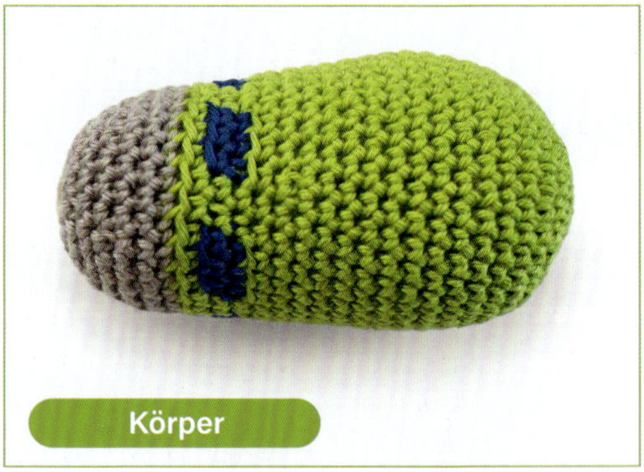
Körper

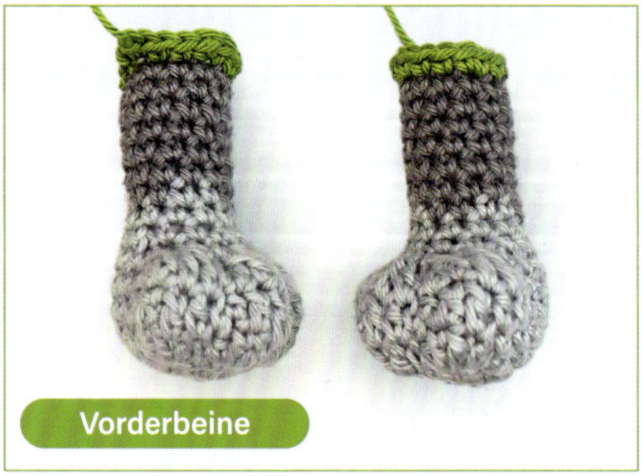
Vorderbeine

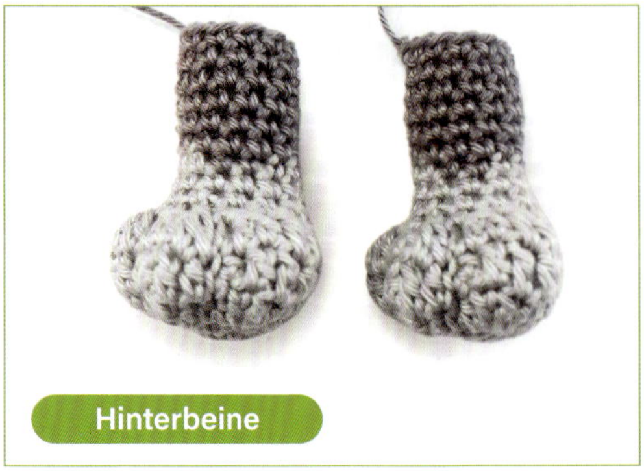
Hinterbeine

Maschenglieder einstechen: 3 fM, FW zu Apfel
21. Rd: In beide Maschenglieder einstechen: (2 fM, FW zu Royal, 3 fM, FW zu Apfel) x6
22. Rd: 2 fM, (nur in hintere Maschenglieder einstechen: 3 fM, in beide Maschenglieder einstechen: 2 fM) x5, nur in hintere Maschenglieder einstechen: 3 fM
Den Faden abschneiden. FW zu Rauchgrau,
23. Rd: Nur in hintere Maschenglieder einstechen: 30 fM
24. und 25. Rd: In beide Maschenglieder einstechen: 30 fM (2 Runden)
26. Rd: Jede 4. und 5. M zus = 24 M
27. Rd: 24 fM
Den Körper mit Füllwatte ausstopfen
28. Rd: Jede 3. und 4. M zus = 18 M
29. Rd: Jede 2. und 3. M zus = 12 M
Den Körper vollständig mit Füllwatte ausstopfen.
30. Rd: Je 2 M zus = 6 M
Den Faden lang abschneiden und mit einer Wollnadel durch die Maschen der letzten Rd ziehen. Die Öffnung zusammenziehen, dabei eventuell noch etwas Füllwatte nachlegen. Den Faden vernähen.

Vorderbeine (2x häkeln)

Einen Fadenring in Silber legen und in Spiralrunden fM häkeln.
1. Rd: 6 fM in den Fadenring
2. Rd: Jede M verd = 12 M
3. Rd: Jede 3. M verd = 16 M
4. Rd: 4 fM, (1 hStb, 2 Stb, 1 hStb) in 1 M, 1 fM, (1 hStb, 2 Stb, 1 hStb) in 1 M, 1 fM, (1 hStb, 2 Stb, 1 hStb) in 1 M, 7 fM = 25 M
5. Rd: 4 fM (1 hStb, 2 Stb, 1 hStb, 1 fM) x3, 6 fM
6. Rd: 4 fM, (2 Stb zus) x2, 1 fM, (2 Stb zus) x2, 1 fM, (2 Stb zus) x2, 7 fM = 19 M
7. Rd: 4 fM, (2 M zus, 1 fM) x3, 6 fM = 16 M
8. Rd: Jede 3. und 4. M zus = 12 M
9. Rd: 12 fM, FW zu Rauchgrau
10. Rd: 2 fM, (FW zu Silber, 2 fM, FW zu Rauchgrau, 2 fM) x2, FW zu Silber, 2 fM, FW zu Rauchgrau
11.–16. Rd: 12 fM (6 Runden)
Den Faden abschneiden. FW zu Apfel
17. Rd: Nur in vordere Maschenglieder einstechen: Jede 3. M verd = 16 M
Den Faden lang abschneiden und durchziehen. Die Beine und die Pfoten mit Füllwatte ausstopfen.

Hinterbeine (2x häkeln)

Einen Fadenring in Silber legen und in Spiralrunden fM häkeln.
1. Rd: 6 fM in den Fadenring
2. Rd: Jede M verd = 12 M
3. Rd: Jede 3. M verd = 16 M
4. Rd: 4 fM, (1 hStb, 2 Stb, 1 hStb) in 1 M, 1 fM, (1 hStb, 2 Stb, 1 hStb) in 1 M, 1 fM, (1 hStb, 2 Stb, 1 hStb) in 1 M, 7 fM = 25 M
5. Rd: 4 fM (1 hStb, 2 Stb, 1 hStb, 1 fM) x3, 6 fM
6. Rd: 4 fM, (2 Stb zus) x2, 1 fM, (2 Stb zus) x2, 1 fM, (2 Stb zus) x2, 7 fM = 19 M
7. Rd: 4 fM, (2 M zus, 1 fM) x3, 6 fM = 16 M
8. Rd: Jede 3. und 4. M zus = 12 M
9. Rd: 12 fM, FW zu Rauchgrau
10. Rd: 2 fM, (FW zu Silber, 2 fM, FW zu Rauchgrau, 2 fM) x2, FW zu Silber, 2 fM, FW zu Rauchgrau
11.–16. Rd: 12 fM (6 Runden)
Den Faden lang abschneiden und durchziehen. Die Beine und die Pfoten mit Füllwatte ausstopfen.

Schwanz

Einen Fadenring in Silber legen und in Spiralrunden fM häkeln.

1. Rd: 4 fM in den Fadenring
2. Rd: Jede 2. M verd = 6 M
3. Rd: 6 fM
4. Rd: Jede 3. M verd = 8 M
5. und 6. Rd: 8 fM (2 Runden), FW zu Rauchgrau
7.–10. Rd: 8 fM (4 Runden)
11. Rd: Jede 3. und 4. M zus = 6 M
12. und 13. Rd: 6 fM (2 Runden)

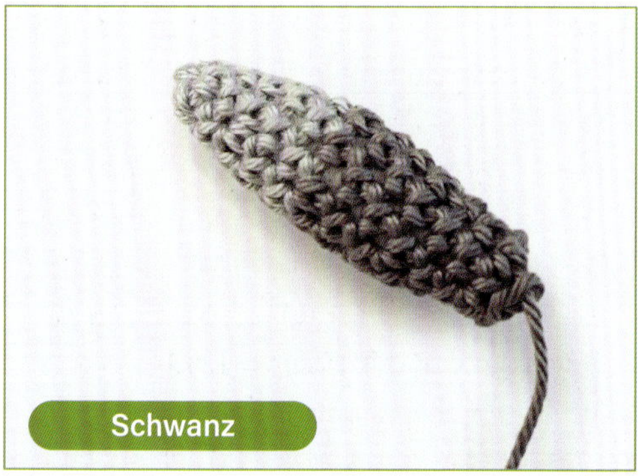
Schwanz

Halsband

In Orange 25 LM anschl. und in Reihen fM häkeln.

1. R: 1 fM in die 2. LM von der Nd aus, 23 fM

Den Faden lang abschneiden und durchziehen.

Brust-Abzeichen

Einen Fadenring in Apfel legen und in Spiralrunden fM häkeln.

1. Rd: 6 fM in den Fadenring
2. Rd: 1 fM, 1 M verd, 1 fM, (1 hStb, 1 Stb, 1 hStb) in 1 M, 1 fM, 1 M verd = 10 M
3. Rd: 2 fM, 1 M verd, 2 fM, 3 fM in 1 M, 3 fM, 1 M verd = 14 M

Den Faden abschneiden. FW zu Rauchgrau,

4. Rd: 2 fM, 3 fM in 1 M, 4 fM, 3 fM in 1 M, 4 fM, 3 fM in 1 M, 1 fM = 20 M, 1 KM in die erste M der Runde

Fertigstellen

Die Innenohren an den Ohren befestigen und diese seitlich am Kopf anbringen. Mit dem Schlussfaden des Mützen-Abzeichens eine Pfote auf das Abzeichen sticken und diese anschließend vorne an die Cap annähen. Diese auf dem Kopf festnähen, dabei leicht ausstopfen. Augen und Nase am Kopf festnähen. Mit einem Stück weißen Garn jeweils

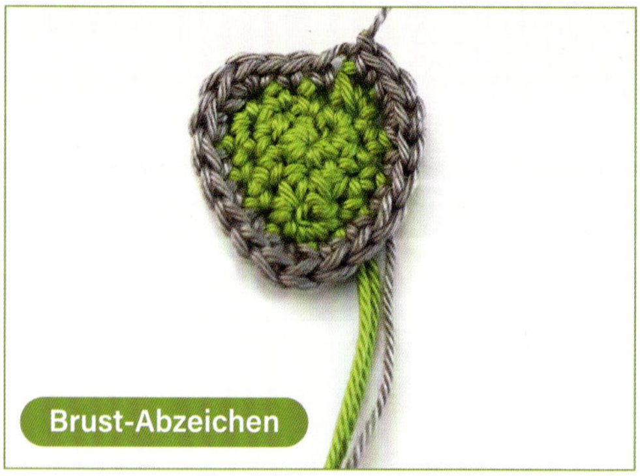
Brust-Abzeichen

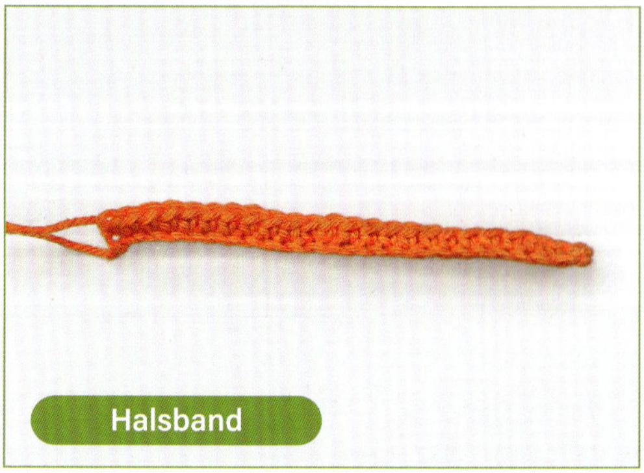
Halsband

einen kleinen Punkt in die Augen sticken. Mit schwarzem Garn die Augenbrauen und den Mund auf das Gesicht sticken.
Die Beine und den Schwanz am Körper annähen. Den Kopf vorne auf dem Körper befestigen, das Halsband darum befestigen, dabei vorne anfangen, einmal um den Hals herum legen und das Band schließlich zur Brust führen. In Weiß 3 kurze Pfeile auf das Brustabzeichen sticken.
Und dieses auf der Brust annähen. Mit einem grauen Stück Garn vom unteren Ende des Abzeichens bis zum Ende der grünen Maschen den Bauch entlang sticken.

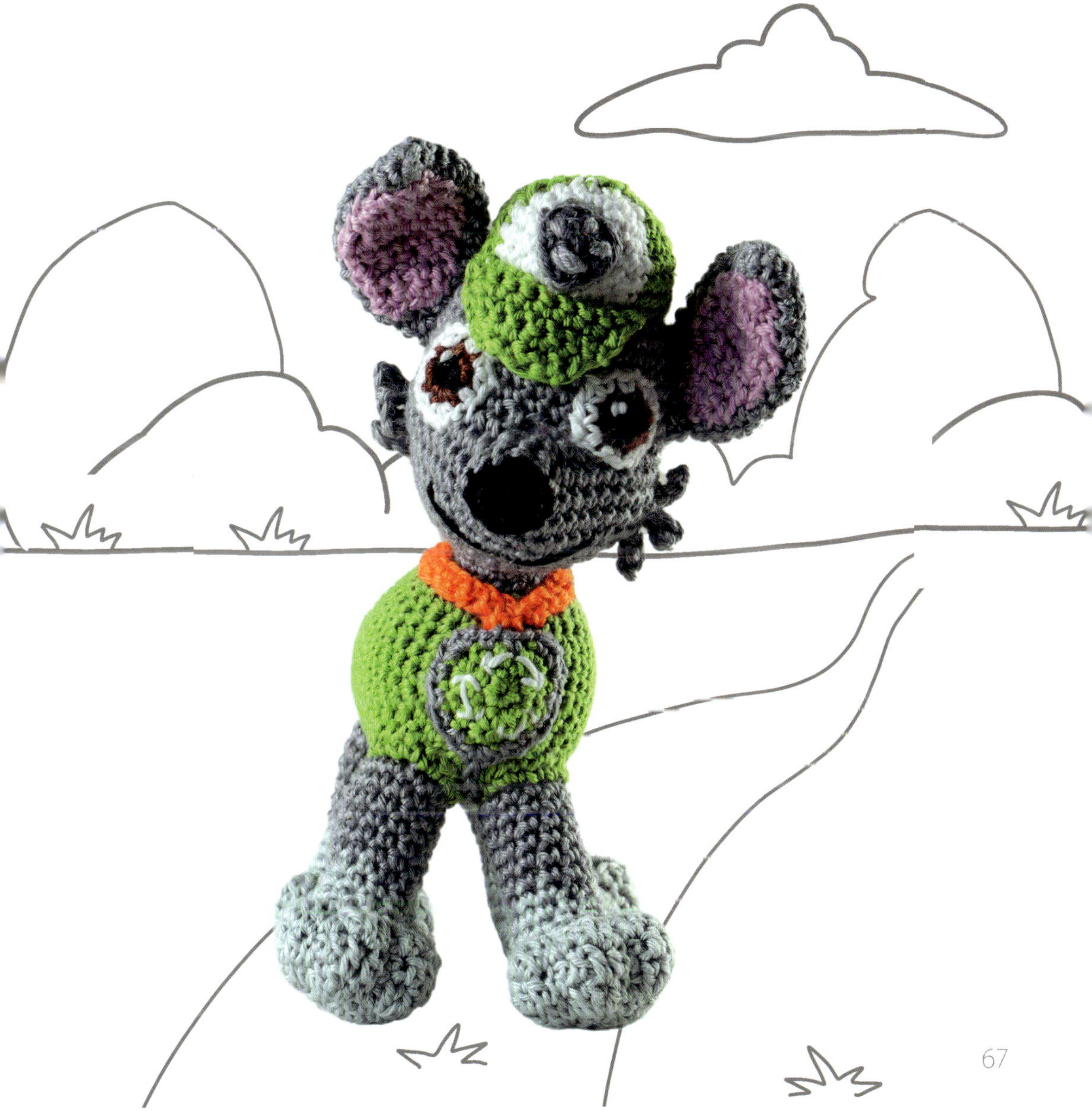

Das Dackel-Mädchen

Größe: ca. 13 cm hoch

Sie ist klein, aber oho! Mit ihrer Energie und Neugier hilft das braune Dackel-Mädchen, jeden Fall zu lösen.

Wir benötigen

- Schachenmayr Catania (100 % Baumwolle, Lauflänge ca. 125 m/50 g)
- in den Farben Zimt (Fb 00383), Camel (Fb 00179), Marone (Fb 00157), Schwarz (Fb 00110), Weiß (Fb 00106), Scampi (Fb 00427), Pfau (Fb 00146), Anthrazit (Fb 00429) und Rauchgrau (Fb 00435),
- alternativ: anderes Garn in Braun, Hellbraun, Dunkelbraun, Schwarz, Weiß, Rosa, Türkis, Dunkelgrau und Grau
- Häkelnadel Nr. 2,5–3,5 mm
- Füllwatte zum Ausstopfen
- Schere, Nähnadel
- optional Maschenmarkierer und Stecknadeln

Anleitung

Kopf

Einen Fadenring in Zimt legen und in Spiralrunden fM häkeln.

1. Rd: 6 fM in den Fadenring
2. Rd: Jede M verd = 12 M
3. Rd: Jede 2. M verd = 18 M
4. Rd: Jede 3. M verd = 24 M
5. Rd: Jede 4. M verd = 30 M
6.–11. Rd: 30 fM (6 Runden)
12. Rd: 12 fM, FW zu Camel, 3 fM, 6 LM, 1 fM in die 2. LM von der Nd aus, 4 fM, 1 fM in die nächste M am Körper, 2 fM, FW zu Zimt, 12 fM
13. Rd: 10 fM, FW zu Camel, 1 fM, 1 M verd, 1 fM, 2 M zus, entlang der LM-Kette weiterhäkeln: 5 fM, zurück zum Körper häkeln: 5 fM, ab der nächsten M der Runde: 2 M zus, 1 fM, 1 M verd, 1 fM, FW zu Zimt, 10 fM = 40 M
14. Rd: 10 fM, FW zu Camel, 21 fM, FW zu Zimt, 9 fM
15. Rd: 10 fM, FW zu Camel, 3 fM, 2 M zus, 11 fM, 2 M zus, 3 fM, FW zu Zimt, 9 fM = 38 M
16. Rd: 11 fM, FW zu Camel, 5 fM, (2 M zus) x4, 5 fM, FW zu Zimt, 9 fM = 34 M
17. Rd: 13 fM, FW zu Camel, 1 fM, 2 M zus, 3 M zus, 2 M zus, 2 fM, FW zu Zimt, 11 fM = 30 M
18. Rd: (3 fM, 2 M zus) x2, 3 fM, FW zu Camel, (2 M zus) x3, FW zu Zimt, (3 fM, 2 M zus) x2, 1 fM = 23 M

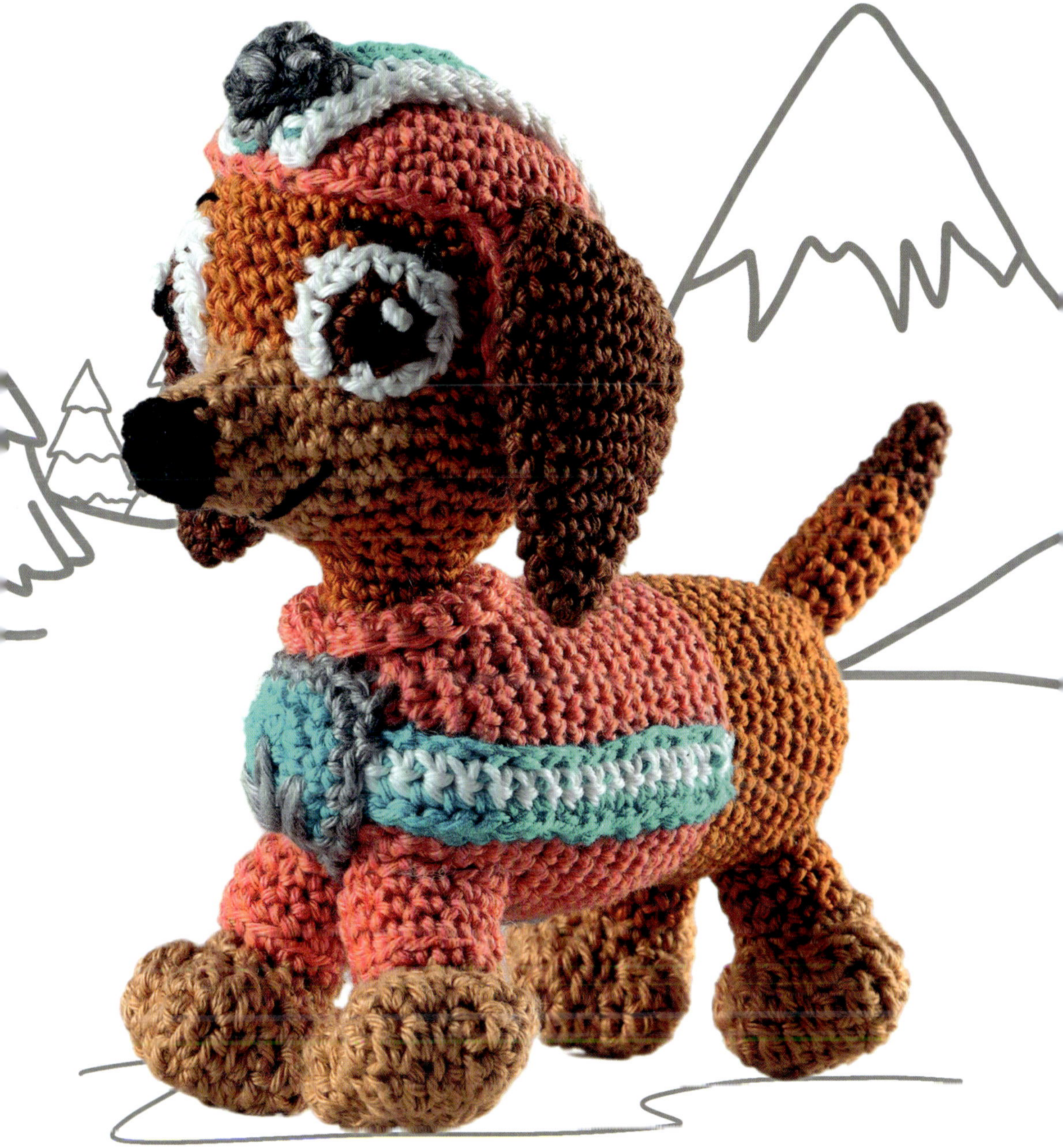

19. Rd: (2 fM, 2 M zus) x2, 1 fM, 2 M zus, 3 M zus, (2 M zus, 2 fM) x2, 1 fM = 16 M
20. Rd: Jede 3. und 4. M zus = 12 M
21. und 22. Rd: 12 fM (2 Runden)
Den Faden lang abschneiden und durchziehen. Den Kopf und die Schnauze mit Füllwatte ausstopfen.

Ohren (2x häkeln)

Einen Fadenring in Marone legen und in Spiralrunden fM häkeln.
1. Rd: 6 fM in den Fadenring
2. Rd: 6 fM
3. Rd: Jede 2. M verd = 9 M
4. Rd: 9 fM
5. Rd: jede 3. M verd = 12 M
6. Rd: Jede 4. M verd = 15 M
7. Rd: (1 fM, 1 M verd, 3 fM) x3 = 18 M
8. Rd: Jede 9. M verd = 20 M
9. Rd: (1 fM, 1 M verd, 3 fM) x4 = 24 M
10. und 11. Rd: 24 fM (2 Runden)
12. Rd: 8 fM, (2 M zus) x4, 8 fM = 20 M
13. Rd: 6 fM, (2 M zus) x4, 6 fM = 16 M
14. Rd: Jede 3. und 4. M zus = 12 M
15. Rd: Jede 2. und 3. M zus = 8 M
Den Faden lang abschneiden und durchziehen, noch nicht vernähen.

Augen (2x häkeln)

Einen Fadenring in Schwarz legen und in Spiralrunden fM häkeln.
1. Rd: 4 fM in den Fadenring
Den Faden abschneiden. FW zu Marone,
2. Rd: Jede M verd = 8 M
Den Faden abschneiden. FW zu Weiß,
3. Rd: Jede 2. M verd = 12 M

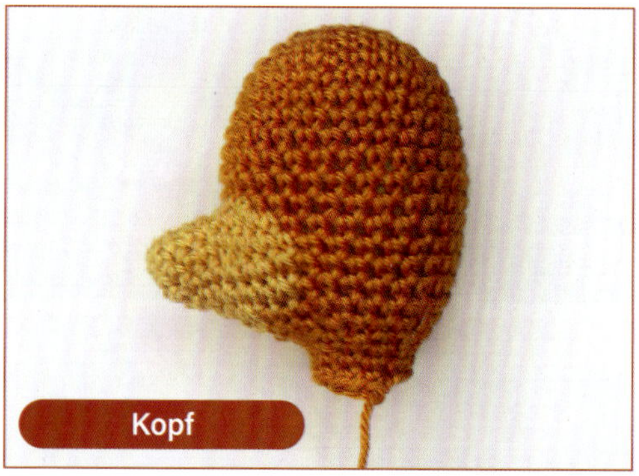
Kopf

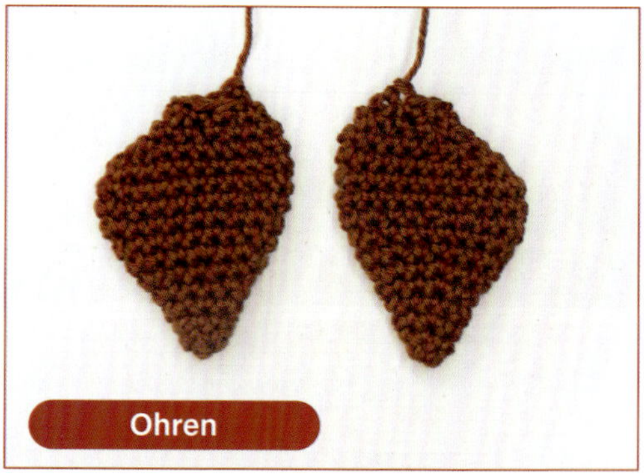
Ohren

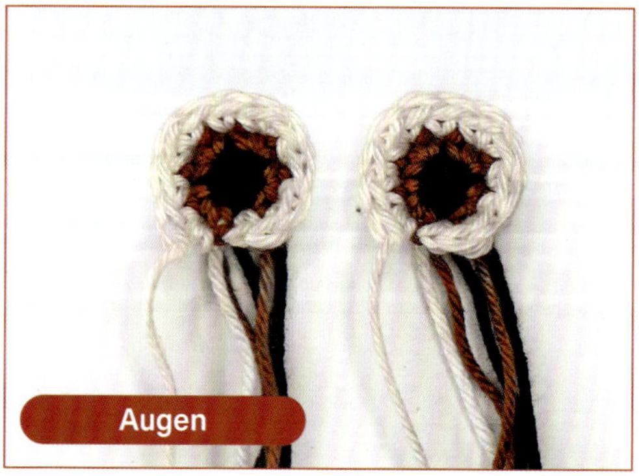
Augen

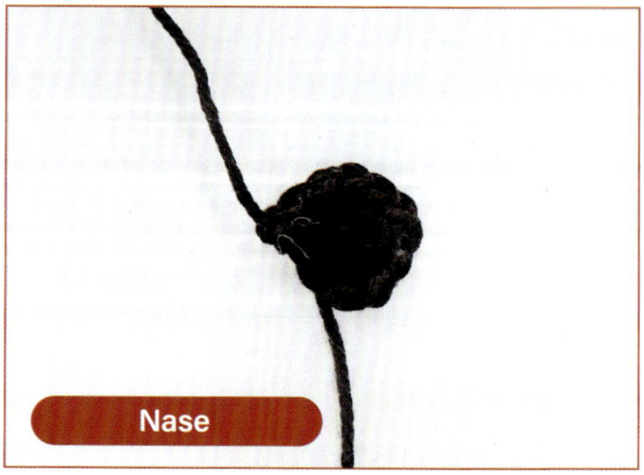
Nase

Den Faden lang abschneiden und durchziehen, noch nicht vernähen.

Nase

Einen Fadenring in Schwarz legen und in Spiralrunden fM häkeln.
1. Rd: 5 fM in den Fadenring
2. Rd: (3 fM in 1 M) x3, 2 fM = 11 M
Den Faden lang abschneiden und durchziehen, noch nicht vernähen.

Helm

Einen Fadenring in Scampi legen und in Spiralrunden fM häkeln.
1. Rd: 6 fM in den Fadenring
2. Rd: Jede M verd = 12 M
3. Rd: Jede 2. M verd = 18 M
4. Rd: Jede 3. M verd = 24 M

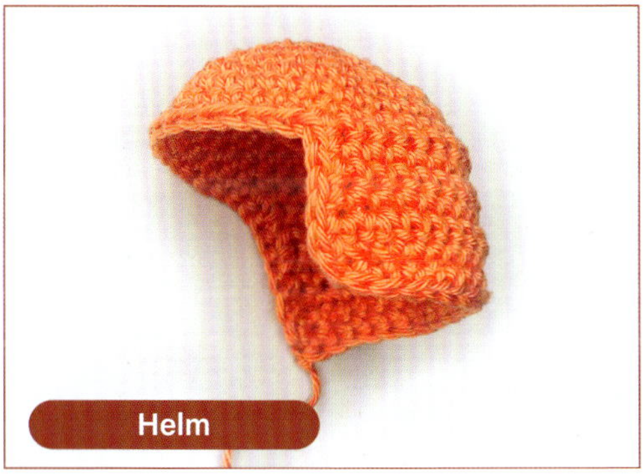

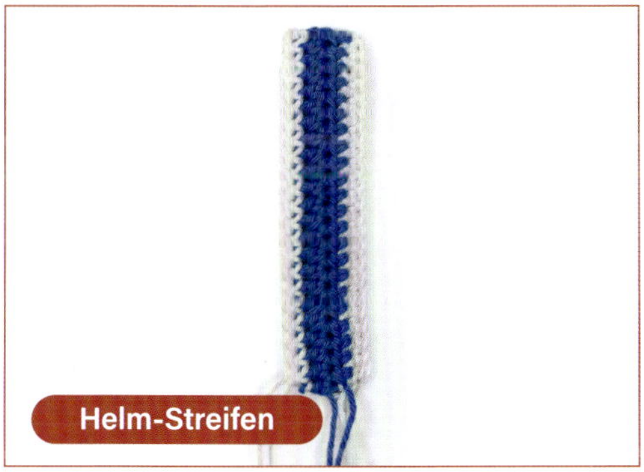

5. Rd: Jede 4. M verd = 30 M
6. Rd: (1 fM, 1 M verd, 3 fM) x6 = 36 M
7. und 8. Rd: 36 fM (2 Runden)
1 W-LM, den Helm in Reihen fertig häkeln:
1.–4. R: 20 fM, 1 W-LM (4 Reihen)
5. R: 2 M verd, 16 fM, 2 M verd = 24 M, 1 W-LM
6. R: (2 M zus) x2, 16 fM, (2 M zus) x2 = 20 M
Den ganzen Helm einmal mit fM umhäkeln, sodass ein gleichmäßiger Rand entsteht.
Den Faden lang abschneiden und durchziehen.

Helm-Streifen

In Weiß 23 LM anschl. und in Reihen fM häkeln.
1. R: 1 fM in die 2. LM von der Nadel aus, 21 fM = 22 M, FW zu Pfau, 1 W-LM
2. R: 22 hStb, 1 W-LM
3. R: 22 hStb
Den Faden abschneiden. FW zu Weiß, 1 W-LM
4. R: 22 fM, 1 W-LM
5. R: 22 KM
Den Faden lang abschneiden und durchziehen.

Helm-Abzeichen

Einen Fadenring in Anthrazit legen und in Spiralrunden fM häkeln.

1. Rd: 6 fM in den Fadenring

2. Rd: 1 fM, 1 M verd, 1 fM, (1 hStb, 1 St, 1 hStb) in 1 M, 1 fM, 1 M verd = 10 M

Den Faden abschneiden. FW zu Rauchgrau,

3. Rd: Nur in hintere Maschenglieder einstechen: 10 KM, 1 KM in die 1. M der Runde

Den Faden lang abschneiden und durchziehen.

Körper

Einen Fadenring in Scampi legen und in Spiralrunden fM häkeln.

1. Rd: 6 fM in den Fadenring

2. Rd: Jede M verd = 12 M

3. Rd: Jede 2. M verd = 18 M

4. Rd: Jede 3. M verd = 24 M

5. Rd: (1 fM, 1 M verd, 2 fM) x6 = 30 M

6.–19. Rd: 30 fM (14 Runden)

Den Faden abschneiden. FW zu Zimt,

20. Rd: Nur in hintere Maschenglieder einstechen: Jede 9. und 10. M zus = 27 M

21.–28. Rd: In beide Maschenglieder einstechen: 27 fM (8 Runden)

29. Rd: Jede 8. und 9. M zus = 24 M

30. Rd: Jede 3. und 4. M zus = 18 M

Den Körper mit Füllwatte ausstopfen.

31. Rd: Jede 2. und 3. M zus = 12 M

32. Rd: Je 2 M zus = 6 M

Den Faden lang abschneiden und durch die Maschen der letzten Rd ziehen. Die Öffnung zusammenziehen,dabeieventuellnochetwas Füllwatte nachlegen. Den Faden vernähen.

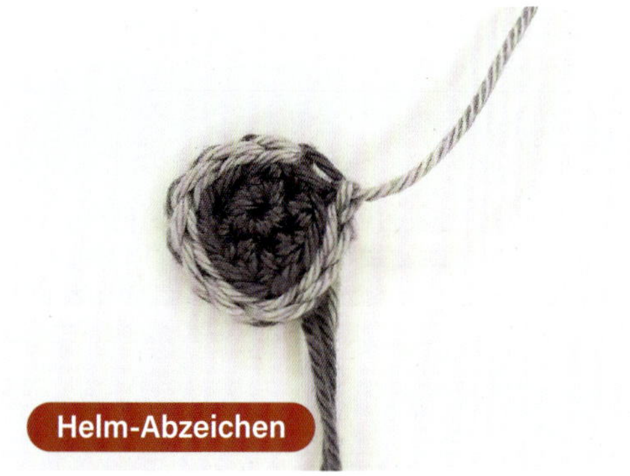

Helm-Abzeichen

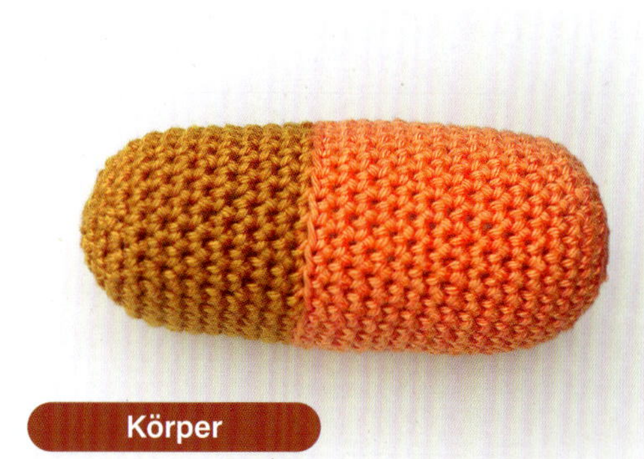

Körper

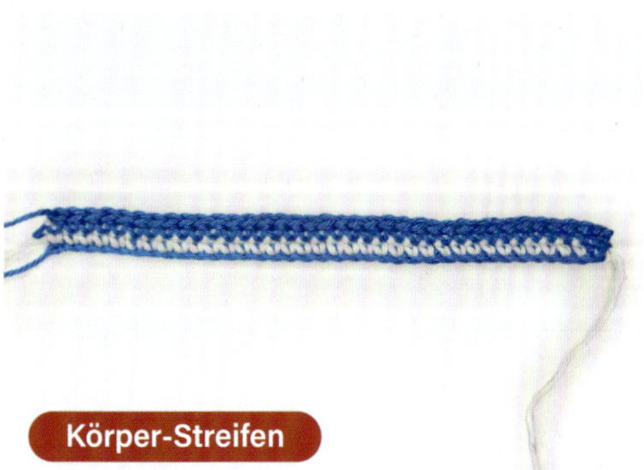

Körper-Streifen

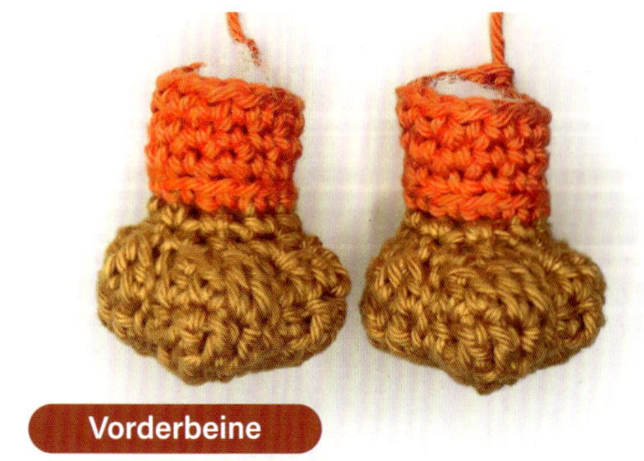

Vorderbeine

Körper-Streifen

In Pfau 36 LM anschl., FW zu Weiß, 1 W-LM und in Reihen fM häkeln.

1. R: 1 fM in die 2. LM von der Nadel aus, 35 fM = 36 M

Den Faden abschneiden. FW zu Pfau, 1 W-LM

2. R: 36 fM, 1 W-LM
3. R: 36 KM

Faden lang abschneiden und durchziehen.

Vorderbeine (2x häkeln)

Einen Fadenring in Camel legen und in Spiralrunden fM häkeln.

1. Rd: 6 fM in den Fadenring
2. Rd: Jede M verd = 12 M
3. Rd: (1 hStb, 2 Stb, 1 hStb) in 1 M, 1 fM, (1 hStb, 2 Stb, 1 hStb) in 1 M, 1 fM, (1 hStb, 2 Stb, 1 hStb) in 1 M, 7 fM = 21 M

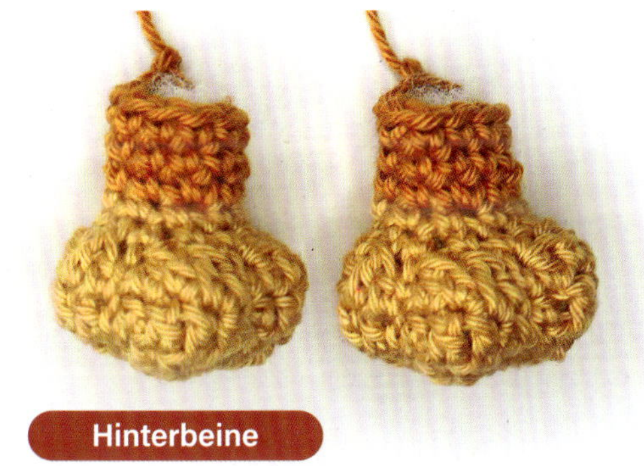

Hinterbeine

4. Rd: (1 hStb, 2 Stb, 1 hStb, 1 fM) x3, 6 fM = 21 M
5. Rd: (2 Stb zus) x2, 1 fM, (2 Stb zus) x2, 1 fM, (2 Stb zus) x2, 7 fM = 15 M
6. Rd: (2 M zus, 1 fM) x3, 6 fM = 12 M
7. Rd: Jede 3. und 4. M zus = 9 M

Den Faden abschneiden. FW zu Scampi,

8. Rd: Nur in vordere Maschenglieder einstechen: Jede 3. M verd = 12 M
9. Rd: Nur in hintere Maschenglieder einstechen: 12 fM
10. und 11. Rd: In beide Maschenglieder ein stechen: 12 fM (2 Runden)

Den Faden lang abschneiden und durchziehen. Das Bein und die Pfoten mit Füllwatte ausstopfen.

Hinterbeine (2x häkeln)

Einen Fadenring in Camel legen und in Spiralrunden fM häkeln.

1. Rd: 6 fM in den Fadenring
2. Rd: Jede M verd = 12 M
3. Rd: (1 hStb, 2 Stb, 1 hStb) in 1 M, 1 fM, (1 hStb, 2 Stb, 1 hStb) in 1 M, 1 fM, (1 hStb, 2 Stb, 1 hStb) in 1 M, 7 fM = 21 M
4. Rd: (1 hStb, 2 Stb, 1 hStb, 1 fM) x3, 6 fM = 21 M
5. Rd: (2 Stb zus) x2, 1 fM, (2 Stb zus) x2, 1 fM, (2 Stb zus) x2, 7 fM = 15 M
6. Rd: (2 M zus, 1 fM) x3, 6 fM = 12 M
7. Rd: Jede 3. und 4. M zus = 9 M

Den Faden abschneiden. FW zu Zimt,

8. Rd: 2 fM, 1 M verd, 6 fM = 10 M
9. und 10. Rd: 10 fM (2 Runden)

Den Faden lang abschneiden und durchziehen. Das Bein und die Pfoten mit Füllwatte ausstopfen.

Schwanz

Einen Fadenring in Marone legen und in Spiralrunden fM häkeln.

1. Rd: 4 fM in den Fadenring
2. Rd: 4 fM
3. Rd: Jede 2. M verd = 6 M
4. Rd: 6 fM
5. Rd: Jede 3. M verd = 8 M

Den Faden abschneiden. FW zu Zimt,

6.–11. Rd: 8 fM (6 Runden)

12. Rd: Jede 3. und 4. M zus = 6 M

13. Rd: 6 fM

Halsband

In Scampi 22 LM anschl. und in Reihen fM häkeln.

1. R: 1 fM in die 2. LM von der Nd aus, 20 fM

Faden lang abschneiden und durchziehen.

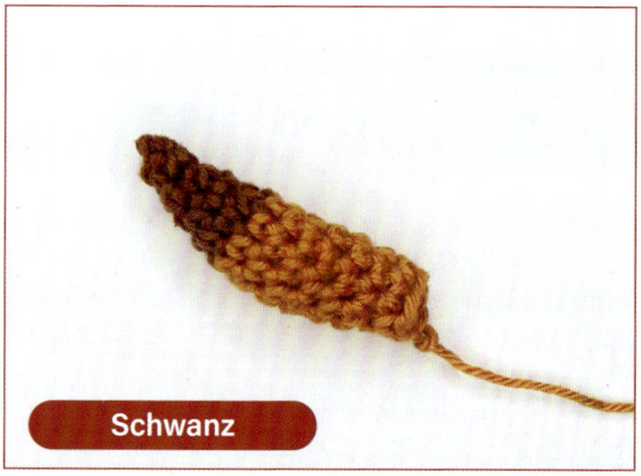

Schwanz

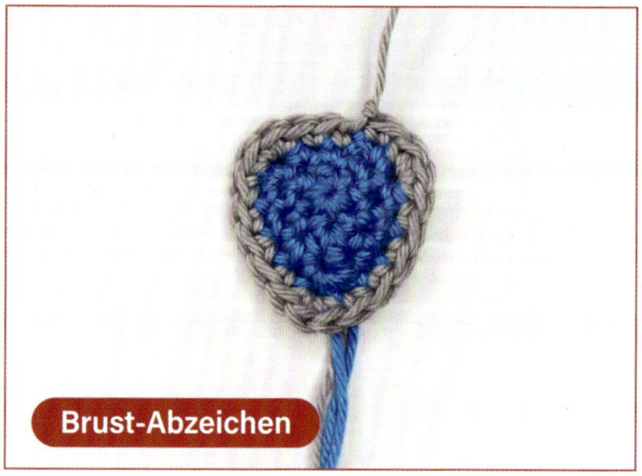

Brust-Abzeichen

Brust-Abzeichen

Einen Fadenring in Pfau legen und in Spiralrunden fM häkeln.

1. Rd: 6 fM in den Fadenring
2. Rd: 1 fM, 1 M verd, 1 fM, (1 hStb, 1 Stb, 1 hStb) in 1 M, 1 fM, 1 M verd = 10 M
3. Rd: 2 fM, 1 M verd, 2 fM, 3 fM in 1 M, 3 fM, 1 M verd = 14 M

Den Faden abschneiden. FW zu Rauchgrau,

4. Rd: 2 fM, 3 fM in 1 M, 4 fM, 3 fM in 1 M, 4 fM, 3 fM in 1 M, 1 fM = 20 M, 1 KM in die erste M der Runde

Fertigstellen

Den Helm aufsetzen und mit den hinteren Maschengliedern der Schlussrunde annähen, sodass eine Art Kante bleibt. Den Helm-Streifen darauf befestigen. Mit dem Schlussfaden des Helm-Abzeichens eine Pfote auf das Abzeichen sticken und dieses anschließend vorne auf dem Streifen des Helms annähen. Die beiden Ohren seitlich am Helm anbringen. Augen und Nase am Kopf festnähen. Mit einem Stück weißen Garn jeweils einen kleinen Punkt in die Augen sticken. Mit schwarzem Garn die Augenbrauen, Wimpern und den Mund auf das Gesicht sticken.
Den Körper-Streifen vorne um den Körper legen und annähen, dabei liegt die Anfangs-

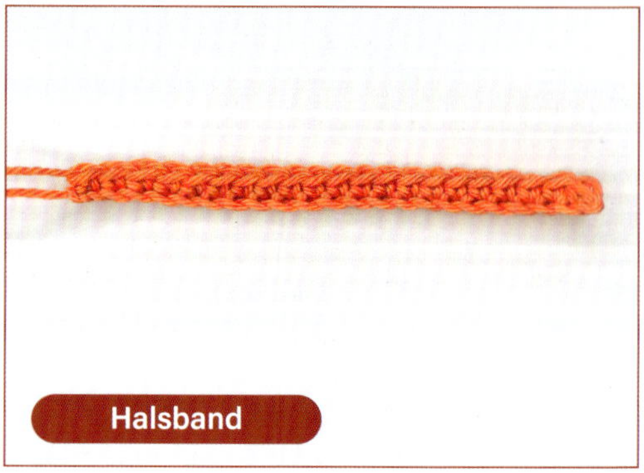

Halsband

LM-Kette oben. Die Beine und den Schwanz am Körper annähen. Den Kopf vorne auf dem Körper befestigen, das Halsband darum befestigen, dabei vorne anfangen, einmal um den Hals herum arbeiten und das Band schließlich zur Brust führen. In Rauchgrau das Brustabzeichen besticken und dieses auf der Brust über dem Streifen annähen. Mit einem rauchgrauen Stück Garn vom unteren Ende des Abzeichens bis zum Ende der scampifarbenen Maschen den Bauch entlang sticken.

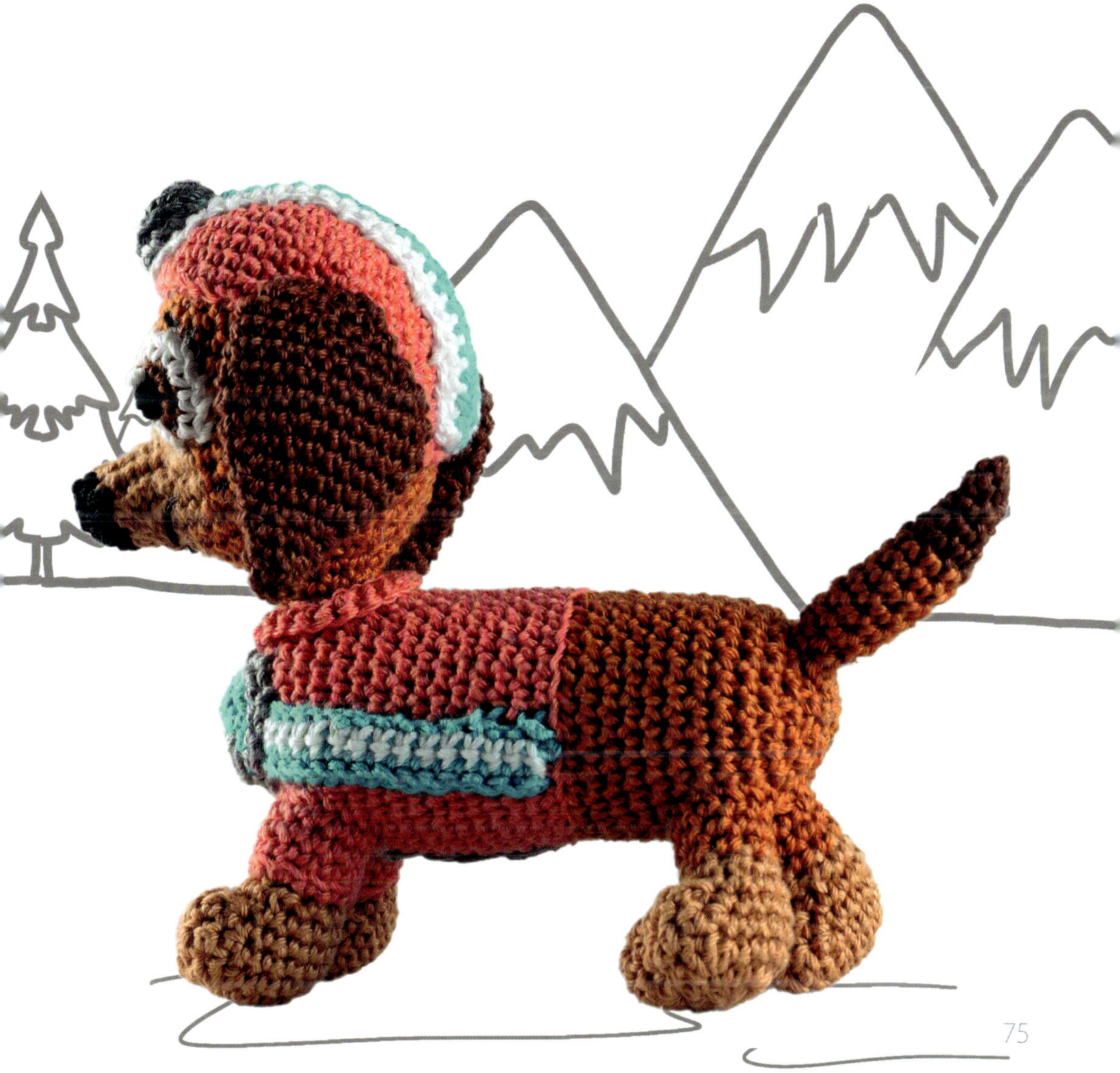

Das Husky-Mädchen

Größe: ca. 16 cm hoch

In den Bergen ist sie Zuhause und immer mit dabei, wenn die Fellfreunde Hilfe bei einer schneereichen Mission brauchen.

Wir benötigen

- Schachenmayr Catania (100 % Baumwolle, Lauflänge ca. 125 m/50 g)
- in den Farben Malve (Fb 00399), Weiß (Fb 00106), Scampi (Fb 00427), Schwarz (Fb 00110), Denim (Fb 00421), Jade (Fb 00253), Mango (Fb 00411), Mint (Fb 00385), Capri (Fb 00384) und Rauchgrau (Fb 00435),
- alternativ: anderes Garn in Helllila, Weiß, Rosa, Schwarz, Blau, Türkis, Dunkelgelb, Helltürkis, Hellblau und Grau
- Häkelnadel Nr. 2,5–3,5 mm
- Füllwatte zum Ausstopfen
- Schere, Nähnadel
- optional Maschenmarkierer und Stecknadeln

Anleitung

Kopf

Einen Fadenring in Malve legen und in Spiralrunden fM häkeln.

1. Rd: 6 fM in den Fadenring

2. Rd: Jede M verd = 12 M

3. Rd: (1 fM, 1 M verd) x2, FW zu Weiß, (1 fM, 1 M verd) x2, FW zu Malve, (1 fM, 1 M verd) x2 = 18 M

4. Rd: (2 fM, 1 M verd) x2, FW zu Weiß, (2 fM, 1 M verd) x2, FW zu Malve, (2 fM, 1 M verd) x2 = 24 M

5. Rd: (3 fM, 1 M verd) x2, FW zu Weiß, (3 fM, 1 M verd) x2, FW zu Malve, (3 fM, 1 M verd) x2 = 30 M

6. Rd: 9 fM, FW zu Weiß, 12 fM, FW zu Malve, 9 fM

7. Rd: 8 fM, FW zu Weiß, 14 fM, FW zu Malve, 8 fM

8. Rd: 5 fM, 2 M verd, FW zu Weiß, 16 fM, FW zu Malve, 2 M verd, 5 fM = 34 M

9. Rd: 5 fM, 1 hStb, (2 Stb in 1 M) x2, FW zu Weiß, 1 hStb, 16 fM, 1 hStb, FW zu Malve, (2 Stb in 1 M) x2, 1 hStb, 5 fM = 38 M

10. Rd: 5 fM, 1 hStb, 4 Stb zus, 1 hStb, 1 fM, FW zu Weiß, 14 fM, FW zu Malve, 1 fM, 1 hStb, 4 Stb zus, 1 hStb, 5 fM = 32 M

11. Rd: 5 fM, 2 M zus, 2 fM, FW zu Weiß, 14 fM,

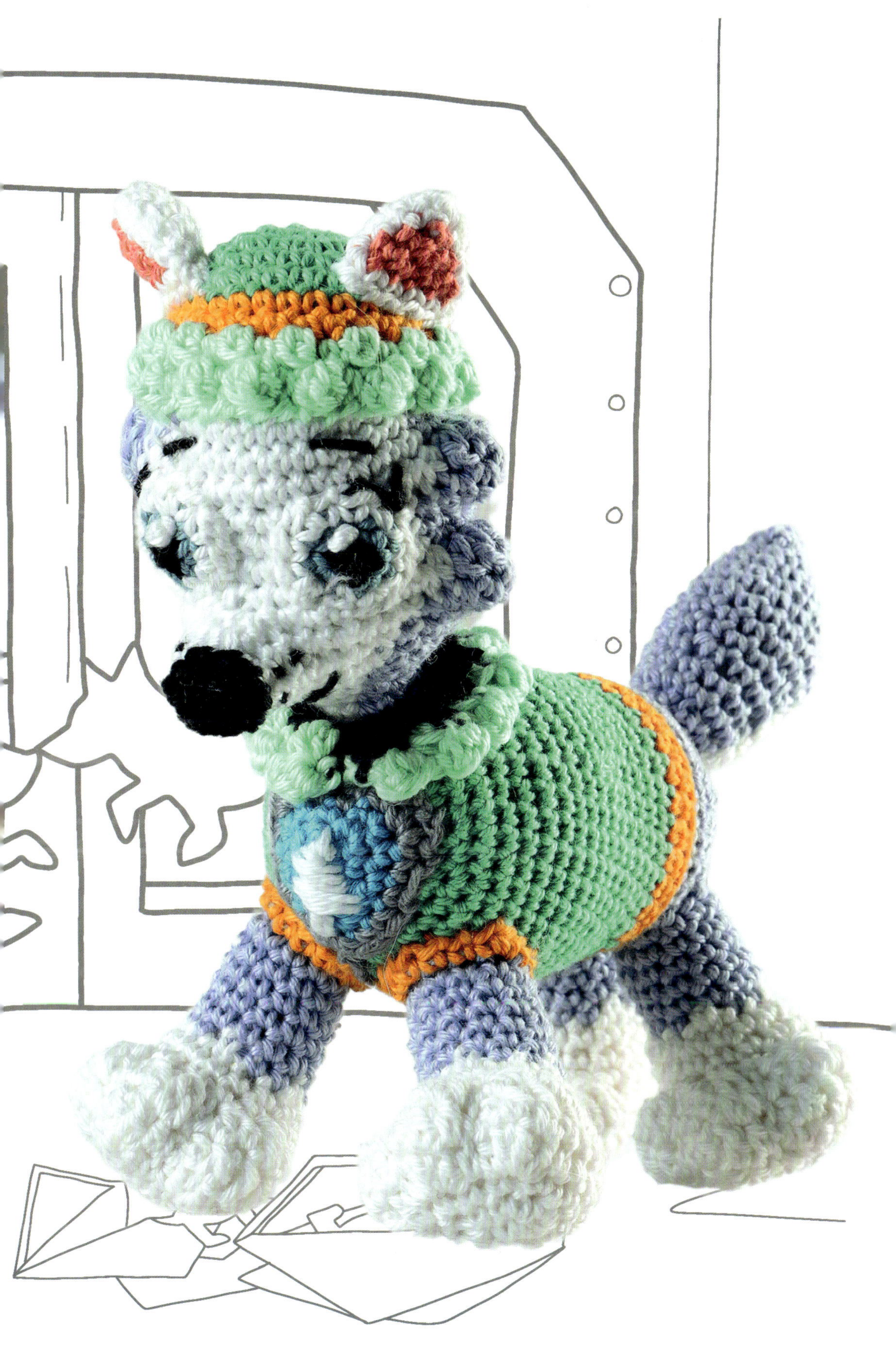

FW zu Malve, 2 fM, 2 M zus, 5 fM = 30 M
12. Rd: 5 fM, 2 M verd, FW zu Weiß, 8 fM, 4 LM, 1 fM in die 2. LM von der Nd aus, 2 fM, 1 fM in die nächste M am Kopf, 7 fM, FW zu Malve, 2 M verd, 5 fM = 34 M + LM-Kette
13. Rd: 5 fM, 1 hStb, (2 Stb in 1 M) x2, FW zu Weiß, 1 hStb, 8 fM, entlang der LM-Kette weiterhäkeln: 2 fM, 1 M verd, zurück zum Kopf häkeln: 1 M verd, 2 fM, 1 fM am Kopf, 7 fM, 1 hStb, FW zu Malve, (2 Stb in 1 M) x2, 1 hStb, 5 fM = 46 M
14. Rd: 5 fM, 1 hStb, 4 Stb zus, 1 hStb, 1 fM, FW zu Weiß, 22 fM, FW zu Malve, 1 fM, 1 hStb, 4 Stb zus, 1 hStb, 5 fM = 40 M
15. Rd: 5 fM, 3 M zus, 2 fM, FW zu Weiß, 20 fM, FW zu Malve, 2 fM, 3 M zus, 5 fM = 36 M
16. Rd: 8 fM, FW zu Weiß, 5 fM, (2 M zus) x2, 3 M zus, (2 M zus) x2, 4 fM, FW zu Malve, 8 fM = 30 M
17. Rd: 8 fM, FW zu Weiß, 3 fM, (3 M zus) x3, 2 fM, FW zu Malve, 8 fM = 24 M
18. Rd: (2 M zus, 2 fM) x2, FW zu Weiß, (2 M zus, 2 fM) x2, FW zu Malve, (2 M zus, 2 fM) x2 = 18 M
19. Rd: (1 fM, 2 M zus) x2, FW zu Weiß, (1 fM, 2 M zus) x2, FW zu Malve, (1 fM, 2 M zus) x2 = 12 M
20. und 21. Rd: 4 fM, FW zu Weiß, 4 fM, FW zu Malve, 4 fM (2 Runden)
Den Faden lang abschneiden und durchziehen. Den Kopf und die Schnauze mit Füllwatte ausstopfen.

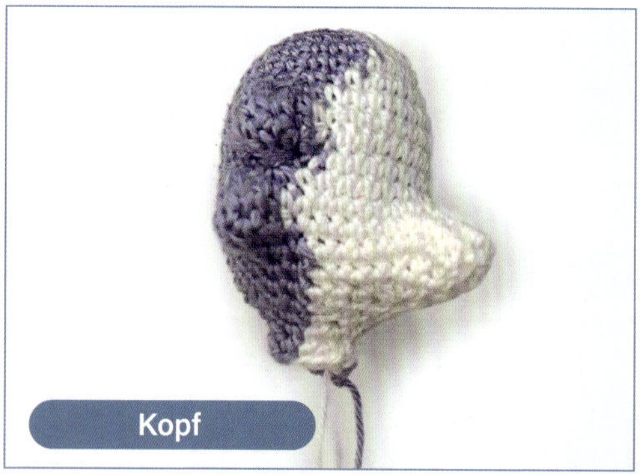
Kopf

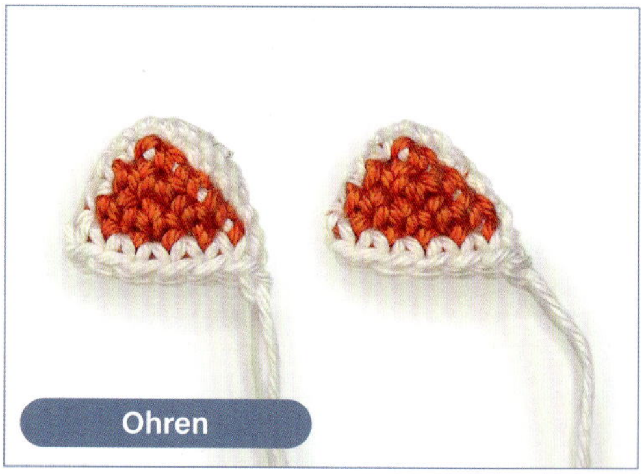
Ohren

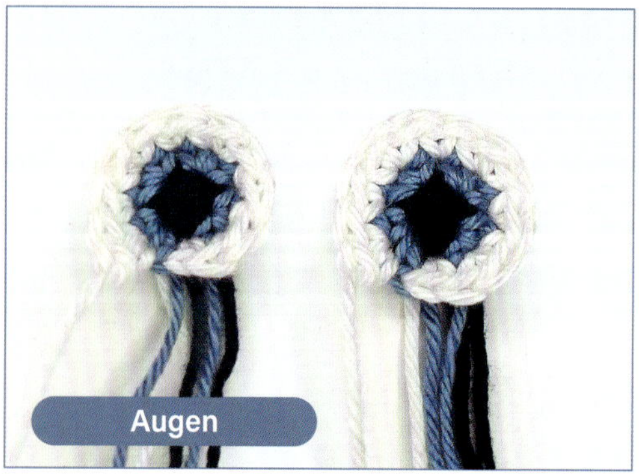
Augen

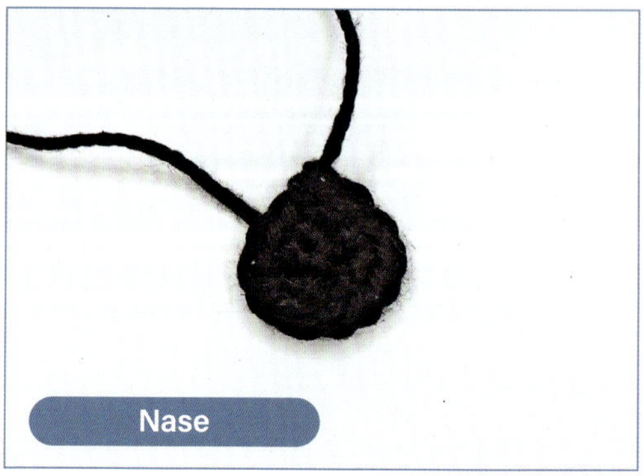
Nase

Ohren (2x häkeln)

Einen Fadenring in Weiß legen und in Spiralrunden fM häkeln.

1. Rd: 6 fM in den Fadenring

2. Rd: 1 fM, 1 M verd, 1 fM, FW zu Scampi, 1 M verd, FW zu Weiß, 1 fM, 1 M verd = 9 M

3. Rd: 2 fM, 1 M verd, 1 fM, FW zu Scampi, 1 fM, 1 M verd, 1 fM, FW zu Weiß, 1 fM, 1 M verd = 12 M

4. Rd: 5 fM, FW zu Scampi, 5 fM, FW zu Weiß, 2 fM

Den Scampi-Faden abschneiden.

5. Rd: 12 fM

Den Faden lang abschneiden und durchziehen, noch nicht vernähen.

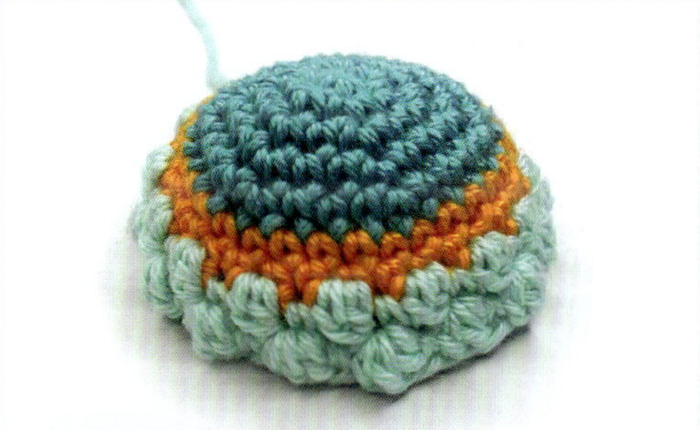

Mütze

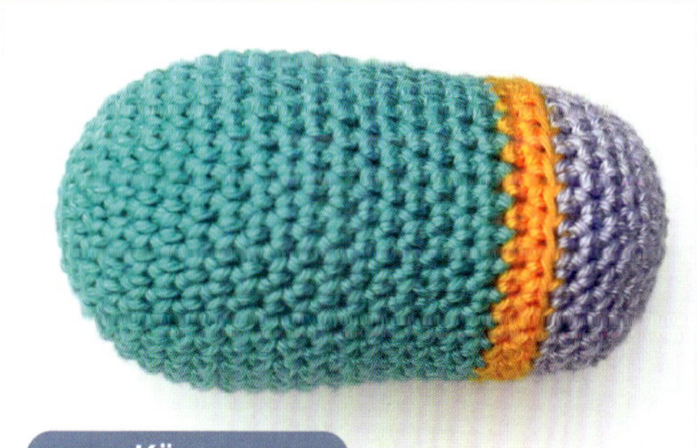

Körper

Augen (2x häkeln)

Einen Fadenring in Schwarz legen und in Spiralrunden fM häkeln.

1. Rd: 4 fM in den Fadenring

Den Faden abschneiden. FW zu Denim,

2. Rd: Jede M verd = 8 M

Den Faden abschneiden. FW zu Weiß,

3. Rd: Jede 2. M verd = 12 M

Den Faden lang abschneiden und durchziehen, noch nicht vernähen.

Nase

Einen Fadenring in Schwarz legen und in Spiralrunden fM häkeln.

1. Rd: 5 fM in den Fadenring

2. Rd: (3 fM in 1 M) x3, 2 fM = 11 M

Den Faden lang abschneiden und durchziehen, noch nicht vernähen.

Mütze

Einen Fadenring in Jade legen und in Spiralrunden fM häkeln.

1. Rd: 6 fM in den Fadenring

2. Rd: Jede M verd = 12 M

3. Rd: Jede 2. M verd = 18 M

4. Rd: Jede 3. M verd = 24 M

5. Rd: Jede 4. M verd = 30 M

Den Faden abschneiden. FW zu Mango,

6. und 7. Rd: 30 fM (2 Runden)

Den Faden abschneiden. FW zu Mint,

8. Rd: (1 Noppe aus 2 Stb, 1 fM) x15

9. Rd: (1 fM, 1 Noppe aus 3 Stb) x15

Den Faden lang abschneiden und durchziehen.

Körper

Einen Fadenring in Jade legen und in Spiralrunden fM häkeln.

1. Rd: 6 fM in den Fadenring

2. Rd: Jede M verd = 12 M

3. Rd: Jede 2. M verd = 18 M
4. Rd: Jede 3. M verd = 24 M
5. Rd: Jede 4. M verd = 30 M
6. Rd: (1 fM, 1 M verd, 3 fM) x6 = 36 M
7.–14. Rd: 36 fM (8 Runden)
15. Rd: (5 fM, 2 M zus, 5 fM) x3 = 33 M
16. und 17. Rd: 33 fM (2 Runden)
18. Rd: Jede 10. und 11. M zus = 30 M
19. und 20. Rd: 30 fM (2 Runden)
Den Faden abschneiden. FW zu Mango,
21. und 22. Rd: 30 fM (2 Runden)
Den Faden abschneiden. FW zu Malve,
23. Rd: Nur in hintere Maschenglieder einstechen: 30 fM
24. und 25. Rd: In beide Maschenglieder einstechen: 30 fM (2 Runden)
26. Rd: Jede 4. und 5. M zus = 24 M
27. Rd: 24 fM
Den Körper mit Füllwatte ausstopfen.
28. Rd: Jede 3. und 4. M zus = 18 M
29. Rd: Jede 2. und 3. M zus = 12 M
Den Körper vollständig mit Füllwatte ausstopfen.
30. Rd: Je 2 M zus = 6 M
Den Faden lang abschneiden und durch die Maschen der letzten Rd ziehen. Die Öffnung zusammenziehen, dabei eventuell noch etwas Füllwatte nachlegen. Den Faden vernähen.

Vorderbeine (2x häkeln)

Einen Fadenring in Weiß legen und in Spiralrunden fM häkeln.
1. Rd: 6 fM in den Fadenring
2. Rd: Jede M verd = 12 M
3. Rd: Jede 3. M verd = 16 M
4. Rd: 4 fM, (1 hStb, 2 Stb, 1 hStb) in 1 M, 1 fM,

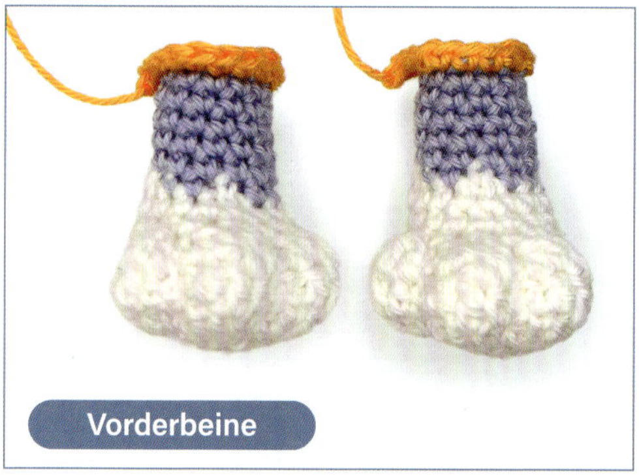

Vorderbeine

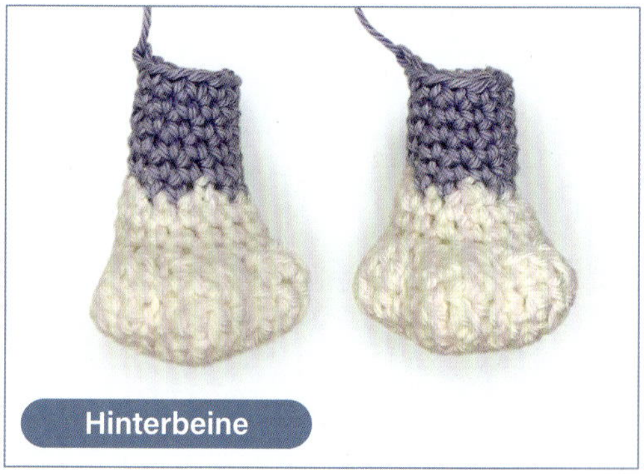

Hinterbeine

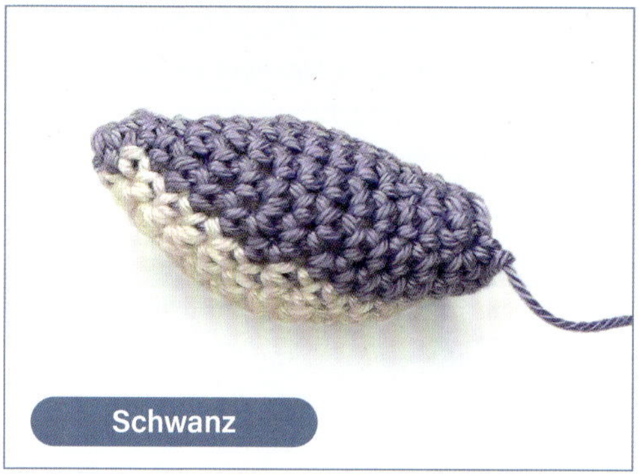

Schwanz

(1 hStb, 2 Stb, 1 hStb) in 1 M, 1 fM, (1 hStb, 2 Stb, 1 hStb) in 1 M, 7 fM = 25 M
5. Rd: 4 fM, (1 hStb, 2 Stb, 1 hStb, 1 fM) x3, 6 fM = 25 M
6. Rd: 4 fM, (2 Stb zus) x2, 1 fM, (2 Stb zus) x2, 1 fM, (2 Stb zus) x2, 7 fM = 19 M
7. Rd: 4 fM, (2 M zus, 1 fM) x3, 6 fM = 16 M
8. und 9. Rd: 16 fM (2 Runden), FW zu Malve
10. Rd: (2 fM, FW zu Weiß, 2 M zus, FW zu Malve) x4 = 12 M
Den weißen Faden abschneiden.
11.–15. Rd: 12 fM (5 Runden)
Den Faden abschneiden. FW zu Mango,
16. Rd: Nur in vordere Maschenglieder einstechen: Jede 3. M verd = 16 M
Faden lang abschneiden und durchziehen. Das Bein und die Pfoten mit Füllwatte ausstopfen.

Hinterbeine (2x häkeln)

Einen Fadenring in Weiß legen und in Spiralrunden fM häkeln.
1. Rd: 6 fM in den Fadenring
2. Rd: Jede M verd = 12 M
3. Rd: Jede 3. M verd = 16 M
4. Rd: 4 fM, (1 hStb, 2 Stb, 1 hStb) in 1 M, 1 fM, (1 hStb, 2 Stb, 1 hStb) in 1 M, 1 fM, (1 hStb, 2 Stb, 1 hStb) in 1 M, 7 fM = 25 M
5. Rd: 4 fM (1 hStb, 2 Stb, 1 hStb, 1 fM) x3, 6 fM = 25 M
6. Rd: 4 fM, (2 Stb zus) x2, 1 fM, (2 Stb zus) x2, 1 fM, (2 Stb zus) x2, 7 fM = 19 M
7. Rd: 4 fM, (2 M zus, 1 fM) x3, 6 fM = 16 M
8. und 9. Rd: 16 fM (2 Runden), FW zu Malve
10. Rd: (2 fM, FW zu Weiß, 2 M zus, FW zu Malve) x4 = 12 M
Den weißen Faden abschneiden.
11.–15. Rd: 12 fM (5 Runden)
Den Faden lang abschneiden und durchziehen. Das Bein und die Pfoten mit Füllwatte ausstopfen.

Schwanz

Einen Fadenring in Malve legen und in Spiralrunden fM häkeln.
1. Rd: 6 fM in den Fadenring
2. Rd: 2 fM, FW zu Weiß, 2 fM, FW zu Malve, 2 fM
3. Rd: 1 fM, 1 M verd, FW zu Weiß, 1 fM, 1 M verd, FW zu Malve, 1 fM, 1 M verd = 9 M
4. Rd: 2 fM, 1 M verd, FW zu Weiß, 2 fM, 1 M verd, FW zu Malve, 2 fM, 1 M verd = 12 M
5. Rd: 3 fM, 1 M verd, FW zu Weiß, 3 fM, 1 M verd, FW zu Malve, 3 fM, 1 M verd = 15 M
6. Rd: 5 fM, FW zu Weiß, 5 fM, FW zu Malve, 5 fM
7. Rd: 1 fM, 1 M verd, 3 fM, FW zu Weiß, 1 fM, 1 M verd, 3 fM, FW zu Malve, 1 fM, 1 M verd, 3 fM = 18 M
8. und 9. Rd: 7 fM, FW zu Weiß, 6 fM, FW zu Malve, 5 fM (2 Runden)
10. Rd: 5 fM, 2 M zus, FW zu Weiß, 4 fM, 2 M zus, FW zu Malve, 5 fM = 16 M
11. Rd: 2 M zus, 4 fM, FW zu Weiß, 2 M zus, 3 fM, FW zu Malve, 5 fM = 14 M
Den Schwanz mit Füllwatte ausstopfen.
12. Rd: 5 fM, FW zu Weiß, 2 M zus, 2 fM, FW zu Malve, 3 fM, 2 M zus = 12 M
13. Rd: 5 fM, FW zu Weiß, 3 fM, FW zu Malve, 4 fM
14. Rd: 2 fM, 2 M zus, 1 fM, FW zu Weiß, 3 M zus, FW zu Malve, 2 fM, 2 M zus = 8 M
Den weißen Faden abschneiden.
15. Rd: 8 fM
Den Faden lang abschneiden und durchziehen. Den Schwanz vollständig mit Füllwatte ausstopfen.

Halsband

In Schwarz 25 LM anschl. und in Reihen fM häkeln.

1. R: 1 fM in die 2. LM von der Nd aus, 23 fM = 24 M

Den Faden lang abschneiden. FW zu Mint, 1 W-LM

2. R: Nur in hinten liegende Maschenglieder einstechen: (1 Noppe aus 2 Stb, 1 fM) x12, 1 W-LM

3. R: In beide Maschenglieder einstechen: (1 Noppe aus 2 Stb, 1 KM) x12

Den Faden lang abschneiden und durchziehen.

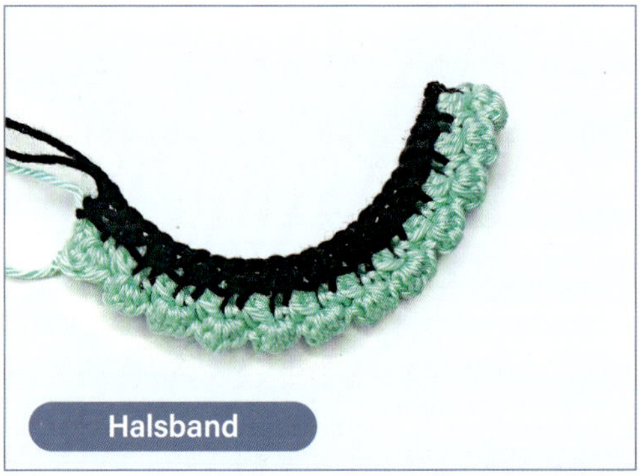

Halsband

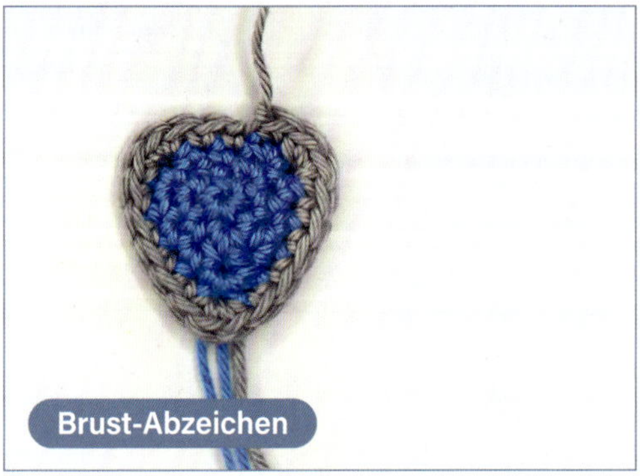

Brust-Abzeichen

Brust-Abzeichen

Einen Fadenring in Capri legen und in Spiralrunden fM häkeln.

1. Rd: 6 fM in den Fadenring

2. Rd: 1 fM, 1 M verd, 1 fM, (1 hStb, 1 Stb, 1 hStb) in 1 M, 1 fM, 1 M verd = 10 M

3. Rd: 2 fM, 1 M verd, 2 fM, 3 fM in 1 M, 3 fM, 1 M verd = 14 M

Den Faden abschneiden. FW zu Rauchgrau,

4. Rd: 2 fM, 3 fM in 1 M, 4 fM, 3 fM in 1 M, 4 fM, 3 fM in 1 M, 1 fM = 20 M, 1 KM in die erste M der Runde

Fertigstellen

Augen und Nase am Kopf festnähen. Mit einem Stück weißen Garn jeweils einen kleinen Punkt in die Augen sticken. Mit schwarzem Garn die Augenbrauen, Wimpern, den Mund und ein paar Sommersprossen auf das Gesicht sticken. Die Mütze aufsetzen und annähen, dabei wenn nötig, noch etwas ausstopfen. Die Ohren auf der Mütze befestigen. Die Beine und den Schwanz am Körper annähen. Den Kopf vorne auf dem Körper befestigen, das Halsband darum befestigen, dabei ausschließlich den schwarzen Teil des Bands annähen. In Weiß einen Baum auf das Brustabzeichen sticken und dieses auf der Brust annähen. Dabei am oberen Rand etwas unter das Halsband schieben, sodass der türkise Teil des Bandes darüber liegt. Mit einem rauchgrauen Stück Garn vom unteren Ende des Abzeichens bis zum Ende der mangofarbenen Maschen den Bauch entlang sticken.

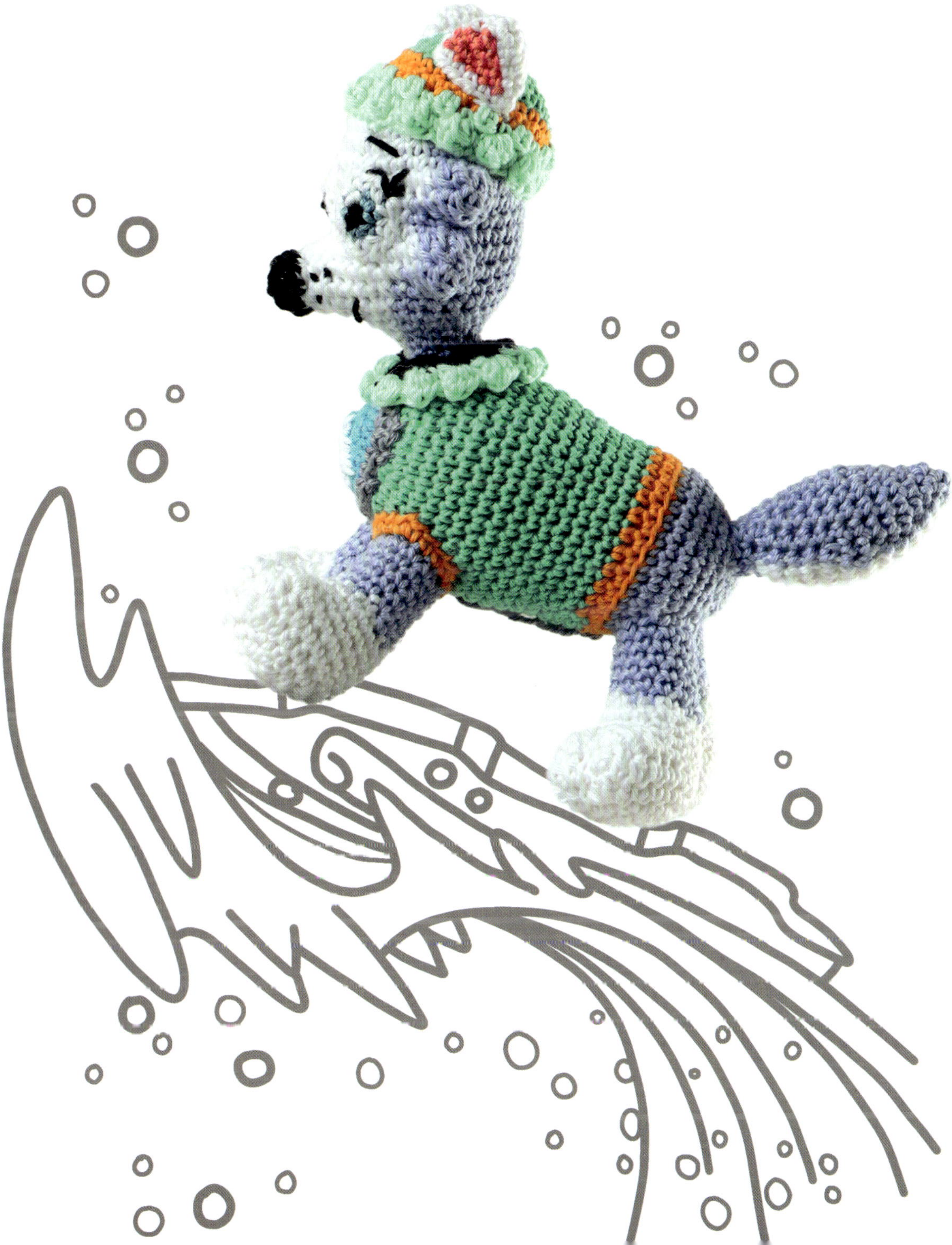

Der Chihuahua

Größe: ca. 19 cm hoch

Der fröhliche Welpe wohnt mit seinem Herrchen im Dschungel. Auch wenn er manchmal etwas ängstlich ist, ist er immer da, wenn Hilfe benötigt wird.

Wir benötigen

- Schachenmayr Catania (100 % Baumwolle, Lauflänge ca. 125 m/50 g)
- in den Farben Zimt (Fb 00383), Weiß (Fb 00106), Vintage (Fb 00423), Schwarz (Fb 00110), Khaki (Fb 00212), Anthrazit (Fb 00429), Rauchgrau (Fb 00435) und Weinrot (Fb 00192),
- alternativ: anderes Garn in Braun, Weiß, Rosa, Schwarz, Grün, Dunkelgrau, Grau und Rot
- Häkelnadel Nr. 2,5–3,5 mm
- Füllwatte zum Ausstopfen
- Schere, Nähnadel
- optional Maschenmarkierer und Stecknadeln

Anleitung

Kopf

Einen Fadenring in Zimt legen und in Spiralrunden fM häkeln.

1. Rd: 6 fM in den Fadenring

2. Rd: Jede M verd = 12 M

3. Rd: Jede 2. M verd = 18 M

4. Rd: (2 fM, 1 M verd) x2, FW zu Weiß, 2 fM, 1 M verd, 2 fM, FW zu Zimt, 1 M verd, (2 fM, 1 M verd) x2 = 24 M

5. Rd: (3 fM, 1 M verd) x2, FW zu Weiß, 3 fM, 1 M verd, 3 fM, FW zu Zimt, 1 M verd, (3 fM, 1 M verd) x2 = 30 M

6. Rd: 11 fM, FW zu Weiß, 6 fM, FW zu Zimt, 13 fM = 30 M

7. Rd: 12 fM, FW zu Weiß, 4 fM, FW zu Zimt, 14 fM = 30 M

8. Rd: 13 fM, FW zu Weiß, 3 fM, FW zu Zimt, 14 fM = 30 M

9.–11. Rd: 14 fM, FW zu Weiß, 2 fM, FW zu Zimt, 14 fM (3 Runden) = 30 M

12. Rd: 13 fM, FW zu Weiß, 2 fM, 4 LM, 1 fM in die 2. LM von der Nd aus, 2 fM, 1 fM in die nächste M am Körper, 1 fM, FW zu Zimt, 13 fM = 30 M

13. Rd: 12 fM, FW zu Weiß, 1 fM, 1 M verd, 1 fM, entlang der LM-Kette: 2 fM, 1 M verd, zurück zum Kopf: 1 M verd, 2 fM, 1 fM am Kopf, 1 M

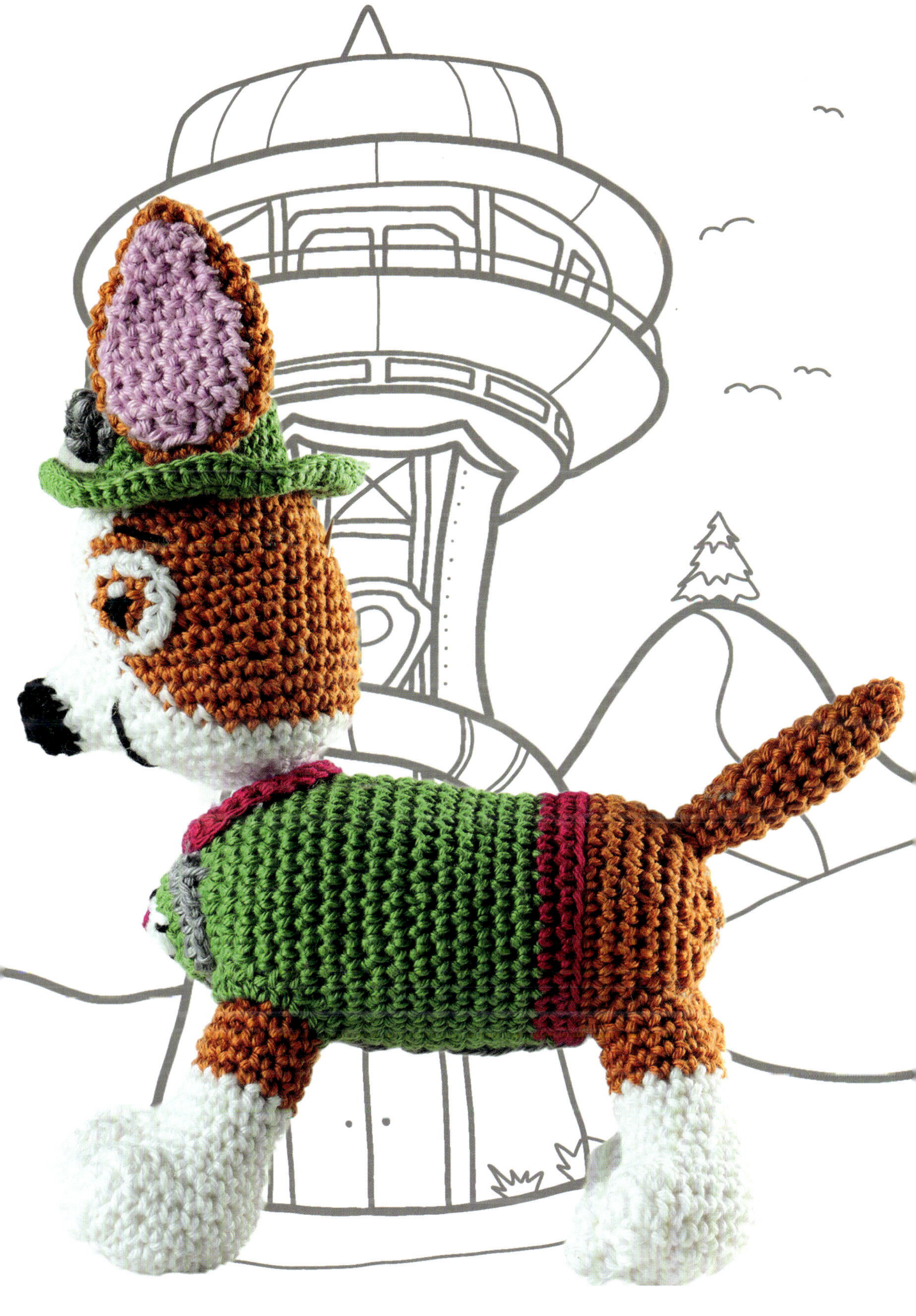

verd, 1 fM, FW zu Zimt, 12 fM = 40 M
14. Rd: 12 fM, FW zu Weiß, 3 fM, 2 M zus, 6 fM, 2 M zus, 4 fM, FW zu Zimt, 11 fM = 38 M
15. Rd: 6 fM, 1 M verd, 1 fM, 1 M verd, 3 fM, FW zu Weiß, 2 fM, 2 M zus, 7 fM, 2 M zus, 3 fM, FW zu Zimt, 2 fM, 1 M verd, 1 fM, 1 M verd, 5 fM = 40 M
16. Rd: 12 fM, FW zu Weiß, 5 fM, 2 M zus, 3 M zus, 2 M zus, 6 fM, FW zu Zimt, 10 fM = 36 M
17. Rd: 10 fM, FW zu Weiß, 7 fM, (2 M zus) x2, 7 fM, FW zu Zimt, 8 fM = 34 M
18. Rd: 10 fM, FW zu Weiß, (1 fM, 2 M zus, 1 fM) x4, 8 fM = 30 M
Den braunen Faden abschneiden.
19. Rd: Jede 4. und 5. M zus = 24 M
20. Rd: Jede 3. und 4. M zus = 18 M
21. Rd: Jede 2. und 3. M zus = 12 M
22. und 23. Rd: 12 fM (2 Runden)
Den Faden lang abschneiden und durchziehen. Den Kopf und die Schnauze mit Füllwatte ausstopfen.

Ohren (2x häkeln)

Einen Fadenring in Zimt legen und in Spiralrunden fM häkeln.
1. Rd: 6 fM in den Fadenring
2. Rd: 6 fM
3. Rd: Jede 2. M verd = 9 M
4. Rd: Jede 3. M verd = 12 M
5. Rd: Jede 4. M verd = 15 M
6. Rd: (1 fM, 1 M verd, 3 fM) x3 = 18 M
7.–11. Rd: 18 fM (5 Runden)
12. Rd: Jede 2. und 3. M zus = 12 M
13. Rd: Jede 2. und 3. M zus = 8 M

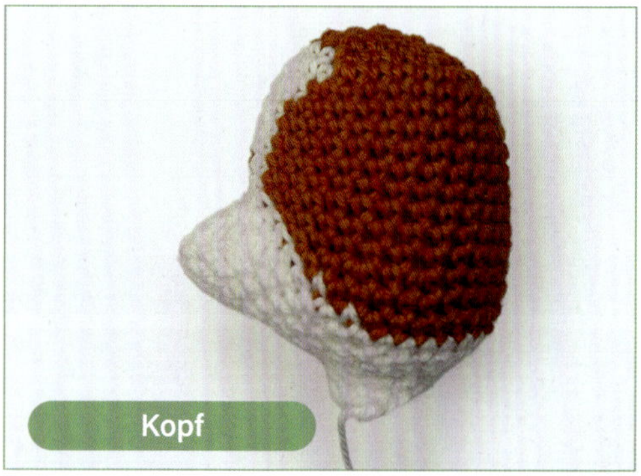
Kopf

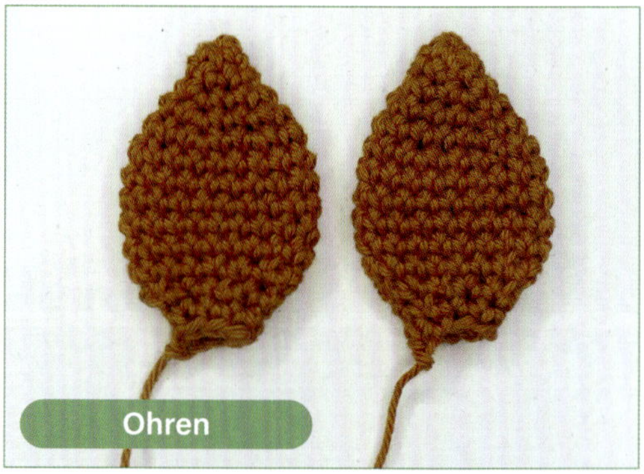
Ohren

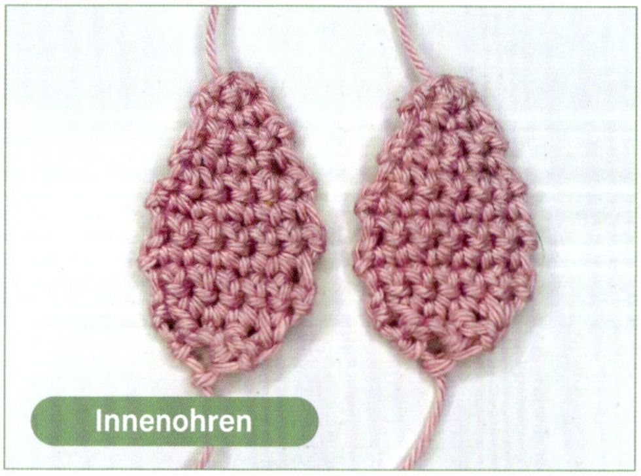
Innenohren

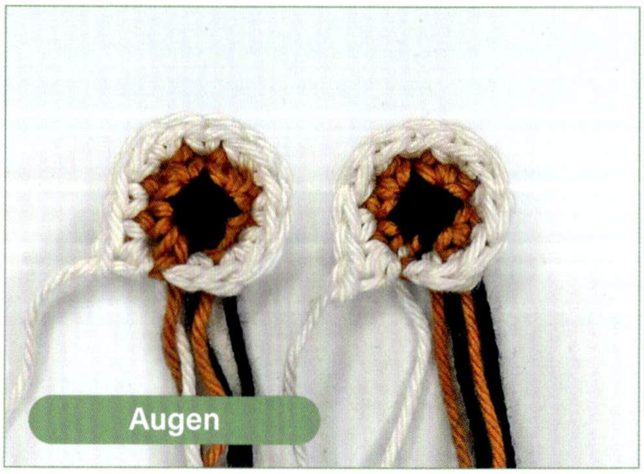
Augen

14. Rd: 8 fM

Den Faden lang abschneiden und durchziehen.

Innenohren (2x häkeln)

Einen Fadenring in Vintage legen und in Reihen fM häkeln.

1. R: 3 fM in den Fadenring, 1 W-LM
2. R: 3 fM; 1 W-LM
3. R: 1 fM, 1 M verd, 1 fM = 4 M, 1 W-LM
4. R: 4 fM, 1 W-LM
5. R: 1 M verd, 2 fM, 1 M verd = 6 M, 1 W-LM

6.–9. R: 6 fM, 1 W-LM (4 Reihen)

10. R: 2 M zus, 2 fM, 2 M zus = 4 M, 1 W-LM
11. R: (2 M zus) x2 = 2 M

Den Faden lang abschneiden und durchziehen, noch nicht vernähen.

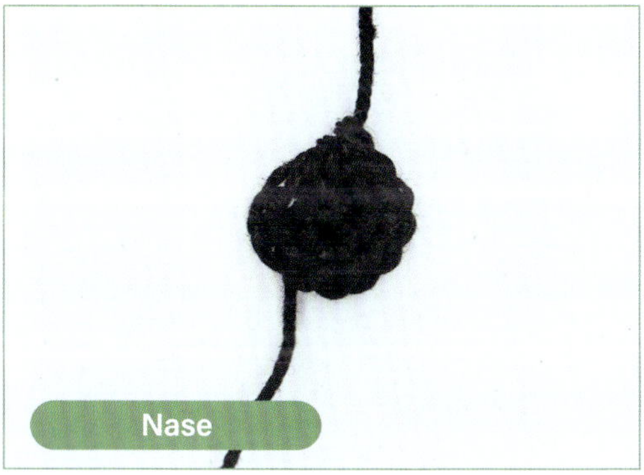

Nase

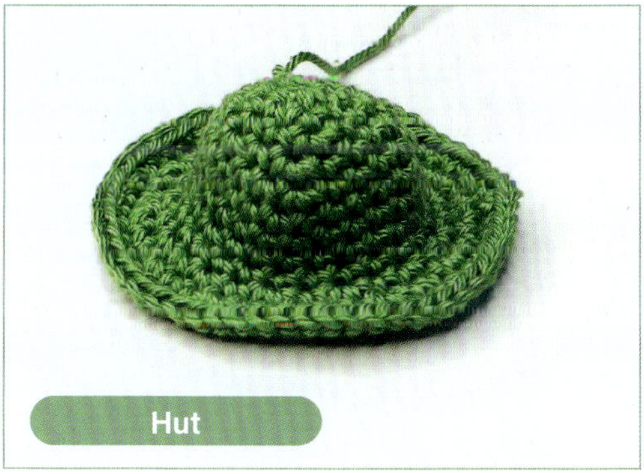

Hut

Augen (2x häkeln)

Einen Fadenring in Schwarz legen und in Spiralrunden fM häkeln.

1. Rd: 4 fM in den Fadenring

Den Faden abschneiden. FW zu Zimt,

2. Rd: Jede M verd = 8 M

Den Faden abschneiden. FW zu Weiß,

3. Rd: Jede 2. M verd = 12 M

Den Faden lang abschneiden und durchziehen, noch nicht vernähen.

Nase

Einen Fadenring in Schwarz legen und in Spiralrunden fM häkeln.

1. Rd: 5 fM in den Fadenring
2. Rd: (3 fM in 1 M) x3, 2 fM = 11 M

Den Faden lang abschneiden und durchziehen, noch nicht vernähen.

Hut

Einen Fadenring in Khaki legen und in Spiralrunden fM häkeln.

1. Rd: 6 fM in den Fadenring
2. Rd: (2 M verd, 1 fM) x2 = 10 M
3. Rd: (1 fM, 1 M verd, 1 fM, 1 M verd, 1 fM) x2 = 14 M
4. Rd: (2 fM, 1 M verd, 1 fM, 1 M verd, 2 fM) x2 = 18 M
5. Rd: (2 fM, 1 M verd, 3 fM, 1 M verd, 2 fM) x2 = 22 M

6. und 7. Rd: 22 fM (2 Runden)

8. Rd: (5 fM, 1 M verd, 5 fM) x2 = 24 M
9. Rd: 24 fM
10. Rd: Jede 2. M verd = 36 M
11. Rd: (1 M verd, 2 fM) x12 = 48 M
12. Rd: (2 fM, 1 M verd, 1 fM) x12 = 60 M

Den Faden lang abschneiden und durchziehen.

Hut-Abzeichen

Einen Fadenring in Anthrazit legen und in Spiralrunden fM häkeln.

1. Rd: 6 fM in den Fadenring
2. Rd: 1 fM, 1 M verd, 1 fM, (1 hStb, 1 Stb, 1 hStb) in 1 M, 1 fM, 1 M verd = 10 M

Den Faden abschneiden. FW zu Rauchgrau,

3. Rd: Nur in hintere Maschenglieder einstechen: 10 KM, 1 KM in die 1. M der Runde

Den Faden lang abschneiden und durchziehen.

Körper

Einen Fadenring in Khaki legen und in Spiralrunden fM häkeln.

1. Rd: 6 fM in den Fadenring
2. Rd: Jede M verd = 12 M
3. Rd: Jede 2. M verd = 18 M
4. Rd: Jede 3. M verd = 24 M
5. Rd: Jede 4. M verd = 30 M
6. Rd: (1 fM, 1 M verd, 3 fM) x6 = 36 M

7.–14. Rd: 36 fM (8 Runden)

15. Rd: (5 fM, 2 M zus, 5 fM) x3 = 33 M
16. und 17. Rd: 33 fM (2 Runden)
18. Rd: Jede 10. und 11. M zus = 30 M
19. und 20. Rd: 30 fM (2 Runden)

Den Faden abschneiden. FW zu Weinrot,

21. und 22. Rd: 30 fM (2 Runden)

Den Faden abschneiden. FW zu Zimt,

23. Rd: Nur in hintere Maschenglieder einstechen: 30 fM
24. und 25. Rd: In beide Maschenglieder einstechen: 30 fM (2 Runden)
26. Rd: Jede 4. und 5. M zus = 24 M
27. Rd: 24 fM

Den Körper mit Füllwatte ausstopfen.

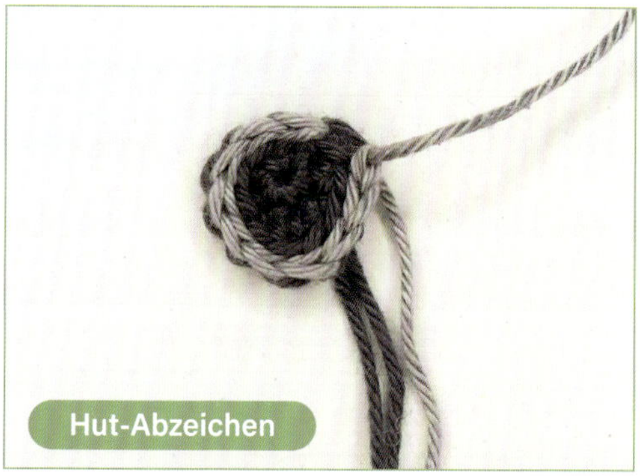
Hut-Abzeichen

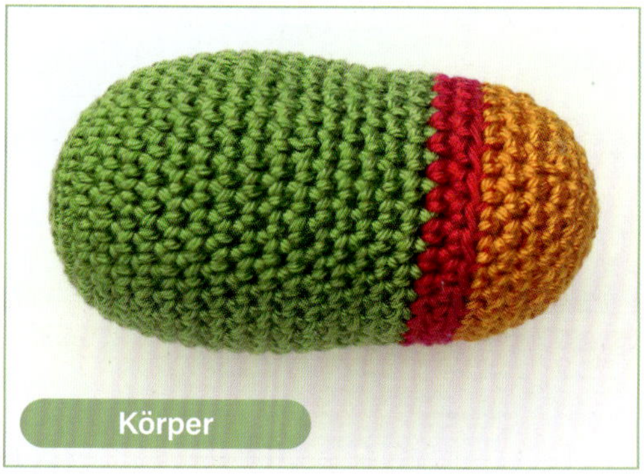
Körper

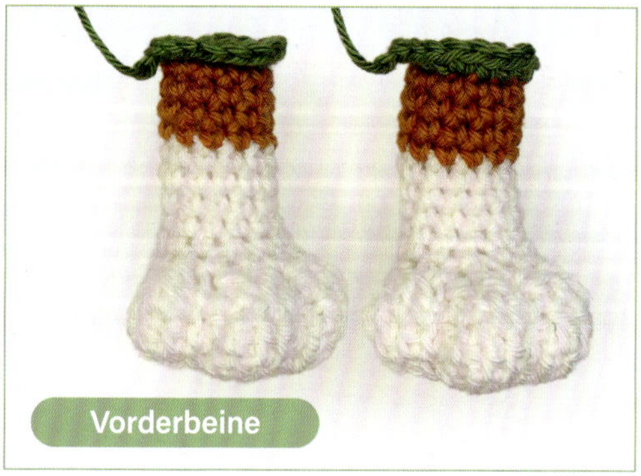
Vorderbeine

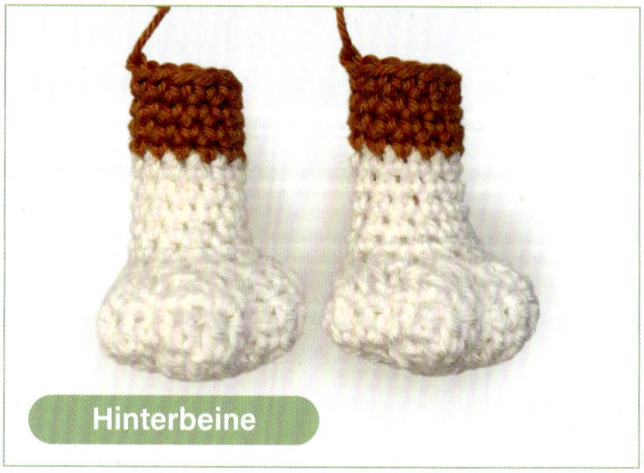
Hinterbeine

28. Rd: Jede 3. und 4. M zus = 18 M
29. Rd: Jede 2. und 3. M zus = 12 M
Den Körper vollständig mit Füllwatte ausstopfen.
30. Rd: Je 2 M zus = 6 M
Den Faden lang abschneiden und durch die Maschen der letzten Rd ziehen. Die Öffnung zusammenziehen, dabei eventuell noch etwas Füllwatte nachlegen. Den Faden vernähen.

Vorderbeine (2x häkeln)

Einen Fadenring in Weiß legen und in Spiralrunden fM häkeln.
1. Rd: 6 fM in den Fadenring
2. Rd: Jede M verd = 12 M
3. Rd: Jede 3. M verd = 16 M
4. Rd: 4 fM, (1 hStb, 2 Stb, 1 hStb) in 1 M, 1 fM, (1 hStb, 2 Stb, 1 hStb) in 1 M, 1 fM, (1 hStb, 2 Stb, 1 hStb) in 1 M, 7 fM = 25 M
5. Rd: 4 fM (1 hStb, 2 Stb, 1 hStb, 1 fM) x3, 6 fM = 25 M
6. Rd: 4 fM, (2 Stb zus) x2, 1 fM, (2 Stb zus) x2, 1 fM, (2 Stb zus) x2, 7 fM = 19 M
7. Rd: 4 fM, (2 M zus, 1 fM) x3, 6 fM = 16 M
8. Rd: Jede 3. und 4. M zus = 12 M
9.–12. Rd: 12 fM (4 Runden)
Den Faden abschneiden. FW zu Zimt,
13.–16. Rd: 12 fM (4 Runden)
Den Faden abschneiden. FW zu Khaki,
17. Rd: Nur in vordere Maschenglieder einstechen: Jede 3. M verd = 16 M
Den Faden lang abschneiden und durchziehen. Das Bein und die Pfoten mit Füllwatte ausstopfen.

Hinterbeine (2x häkeln)

Einen Fadenring in Weiß legen und in Spiralrunden fM häkeln.
1. Rd: 6 fM in den Fadenring
2. Rd: Jede M verd = 12 M
3. Rd: Jede 3. M verd = 16 M
4. Rd: 4 fM, (1 hStb, 2 Stb, 1 hStb) in 1 M, 1 fM, (1 hStb, 2 Stb, 1 hStb) in 1 M, 1 fM, (1 hStb, 2 Stb, 1 hStb) in 1 M, 7 fM = 25 M
5. Rd: 4 fM (1 hStb, 2 Stb, 1 hStb, 1 fM) x3, 6 fM = 25 M
6. Rd: 4 fM, (2 Stb zus) x2, 1 fM, (2 Stb zus) x2, 1 fM, (2 Stb zus) x2, 7 fM = 19 M
7. Rd: 4 fM, (2 M zus, 1 fM) x3, 6 fM = 16 M
8. Rd: Jede 3. und 4. M zus = 12 M
9.–12. Rd: 12 fM (4 Runden)
Den Faden abschneiden. FW zu Zimt,
13.–16. Rd: 12 fM (4 Runden)
Den Faden lang abschneiden und durchziehen. Das Bein und die Pfoten mit Füllwatte ausstopfen.

Schwanz

Einen Fadenring in Zimt legen und in Spiralrunden fM häkeln.

1. Rd: 4 fM in den Fadenring
2. Rd: Jede 2. M verd = 6 M
3. Rd: 6 fM
4. Rd: Jede 3. M verd = 8 M
5.–10. Rd: 8 fM (6 Runden)
11. Rd: Jede 3. und 4. M zus = 6 M
12. und 13. Rd: 6 fM (2 Runden)

Halsband

In Weinrot 25 LM anschl. und in Reihen fM häkeln.

1. R: 1 fM in die 2. LM von der Nd aus, 23 fM Faden lang abschneiden und durchziehen.

Brust-Abzeichen

Kompass

Einen Fadenring in Weiß legen und in Spiralrunden fM häkeln.

1. Rd: 6 fM in den Fadenring

Den Faden lang abschneiden und durchziehen

Abzeichen

Einen Fadenring in Khaki legen und in Spiralrunden fM häkeln.

1. Rd: 6 fM in den Fadenring
2. Rd: 1 fM, 1 M verd, 1 fM, (1 hStb, 1 Stb, 1 hStb) in 1 M, 1 fM, 1 M verd = 10 M
3. Rd: 2 fM, 1 M verd, 2 fM, 3 fM in 1 M, 3 fM, 1 M verd = 14 M

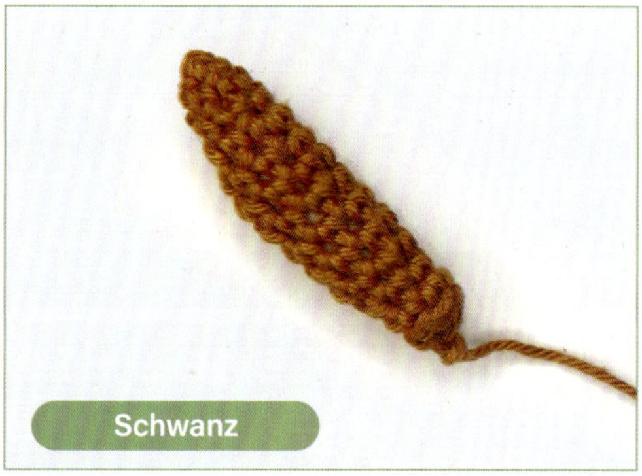

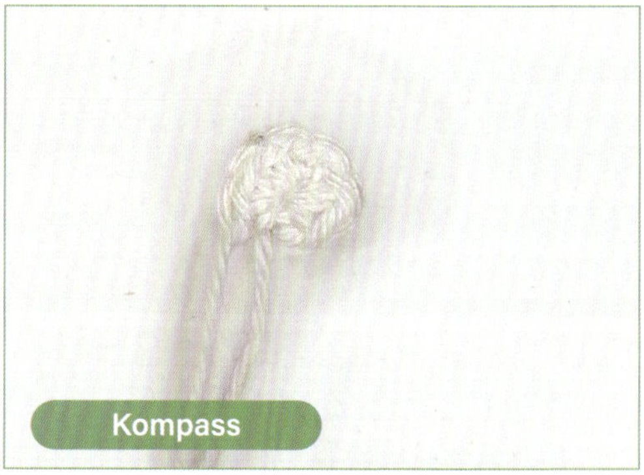

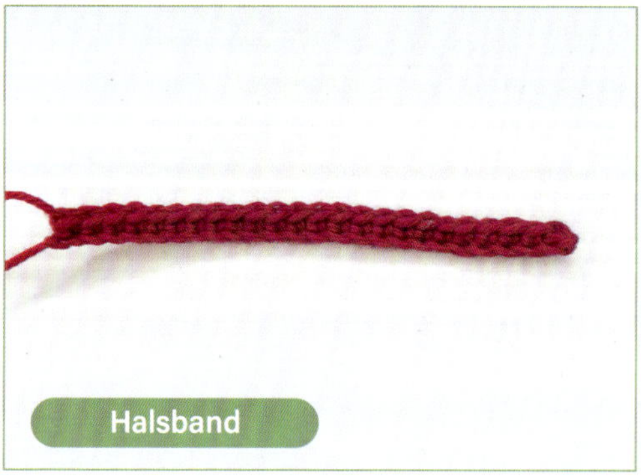

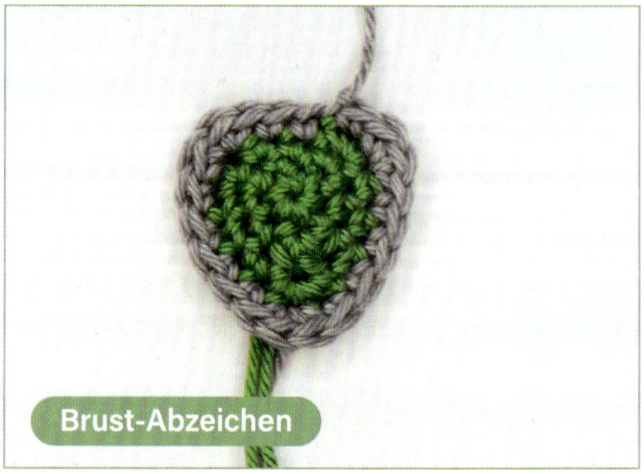

Den Faden abschneiden. FW zu Rauchgrau, 4. Rd: 2 fM, 3 fM in 1 M, 4 fM, 3 fM in 1 M, 4 fM, 3 fM in 1 M, 1 fM = 20 M, 1 KM in die erste M der Runde

Fertigstellen

Mit dem Schlussfaden des Mützen-Abzeichens eine Pfote auf das Abzeichen sticken und dieses anschließend vorne auf den Hut annähen. Die Innenohren auf den Ohren annähen. Augen und Nase am Kopf festnähen. Mit einem Stück weißen Garn jeweils einen kleinen Punkt in die Augen sticken. Mit schwarzem Garn die Augenbrauen und den Mund auf das Gesicht sticken. Den Hut aufsetzen und annähen, die Ohren jeweils leicht nach außen gedreht seitlich am Hut festnähen.

Die Beine und den Schwanz am Körper annähen. Den Kopf vorne auf dem Körper befestigen, das Halsband darum befestigen, dabei vorne anfangen, einmal um den Hals herum arbeiten und das Band schließlich zur Brust führen. Den Kompass auf dem Brust-Abzeichen annähen und in Schwarz 4 Striche für die Himmelsrichtungen aufsticken, außerdem mit einem Stück roten Faden die Kompassnadel darauf sticken. Das Abzeichen auf der Brust annähen. Mit einem rauchgrauen Stück Garn vom unteren Ende des Abzeichens bis zum Ende der weinroten Maschen den Bauch entlang sticken.

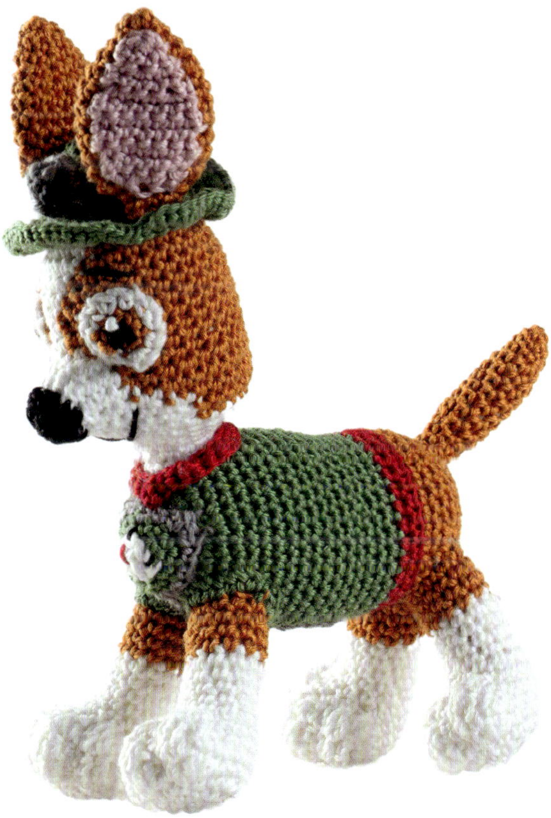

Grundkurs Häkeln

Luftmaschenanschlag

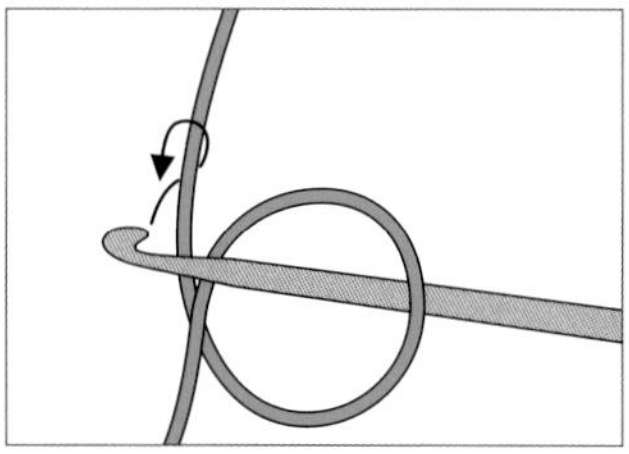

Den Faden zu einem Kreis legen, sodass sich die Fäden kreuzen. Dabei das Fadenende zwischen Zeigefinger und Daumen halten. Die Häkelnadel durch den Kreis führen, den Faden um die Nadel legen und den Umschlag durchziehen. Festziehen!

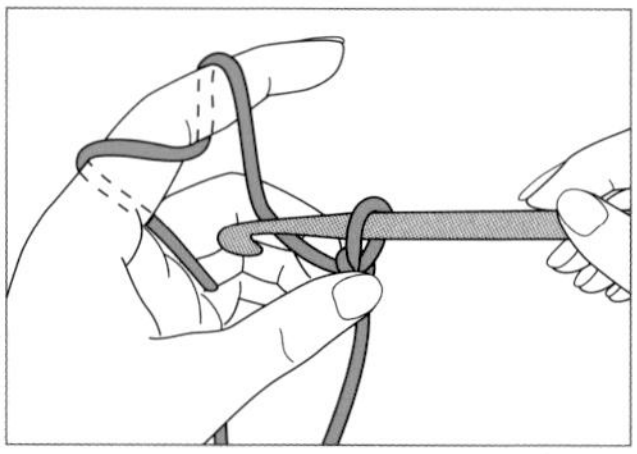

Der Anschlagsknoten ist fertig und eine Schlinge liegt auf der Nadel. Den Anschlagsknoten mit Daumen und Mittelfinger halten, den Faden vom Zeigefinger mit der Nadel erfassen und durch die Schlinge ziehen.

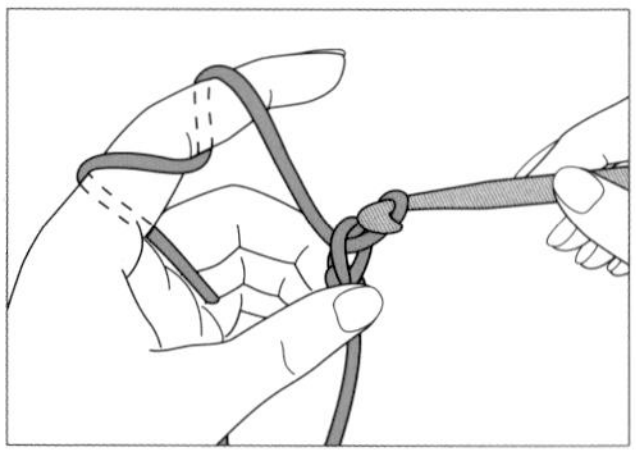

Die 1. Luftmasche ist fertig. Wiederholen, bis die gewünschte Luftmaschenzahl erreicht ist.

Fadenring

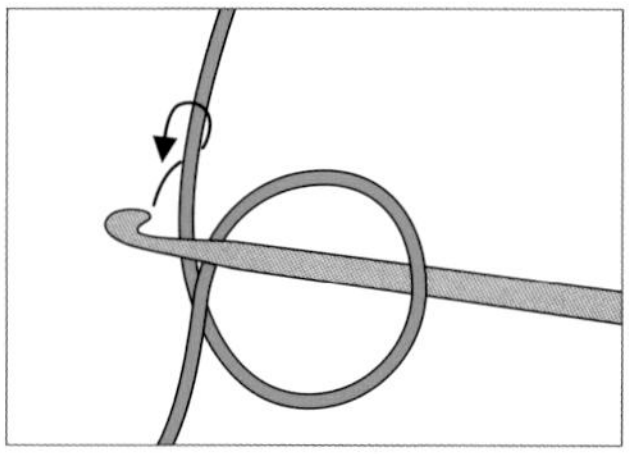

Den Faden zu einem Kreis legen, sodass sich die Fäden kreuzen. Dabei das Fadenende zwischen Zeigefinger und Daumen halten. Die Häkelnadel durch den Kreis führen, den Faden um die Nadel legen und den Umschlag durchziehen. Nicht festziehen!

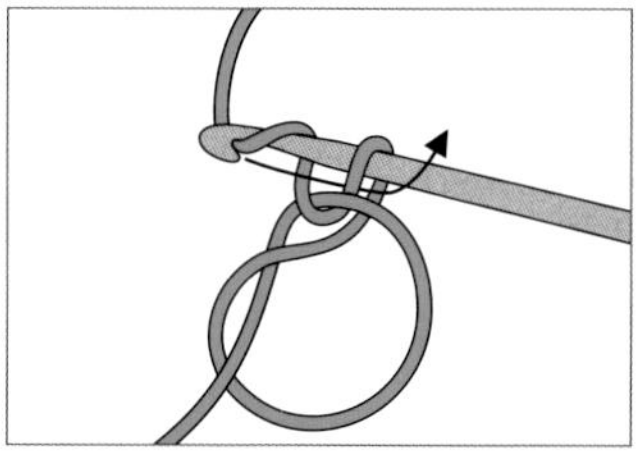

Den Arbeitsfaden um den linken Zeigefinger legen und den Kreuzungspunkt festhalten, 1 Umschlag durch die Schlinge der Nadel ziehen (= 1 Luftmasche).

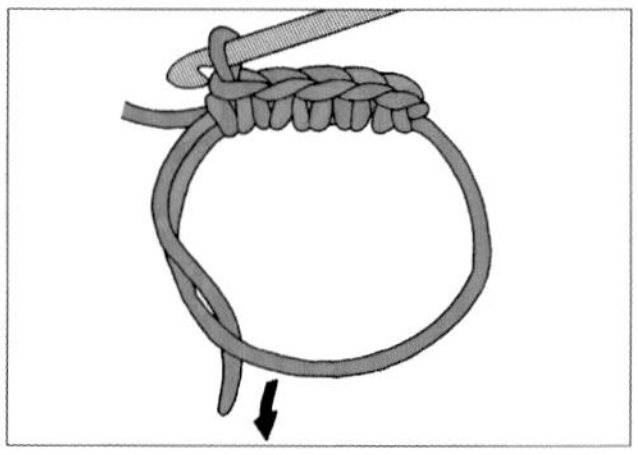

Den Ring wie angegeben behäkeln und am Ende der 1. Runde den Fadenring festziehen.

Häkeln in Spiralrunden

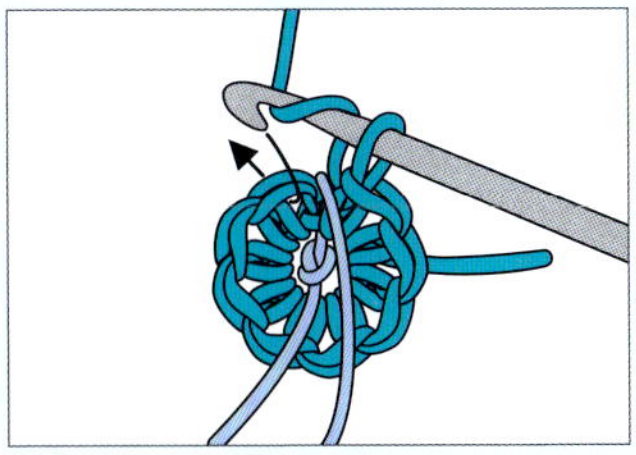

Zunächst die angegebene Maschenzahl in den Fadenring arbeiten und diesen festziehen. Danach für die 2. Runde direkt in die 1. feste Masche der 1. Runde einstechen. Dabei den Rundenübergang mit einem Kontrastfaden markieren, denn die Runden schrauben sich spiralförmig in die Höhe, sodass nur schwer zu erkennen ist, wann eine neue Runde erreicht ist. Die Markierung zeigt den Rundenbeginn.

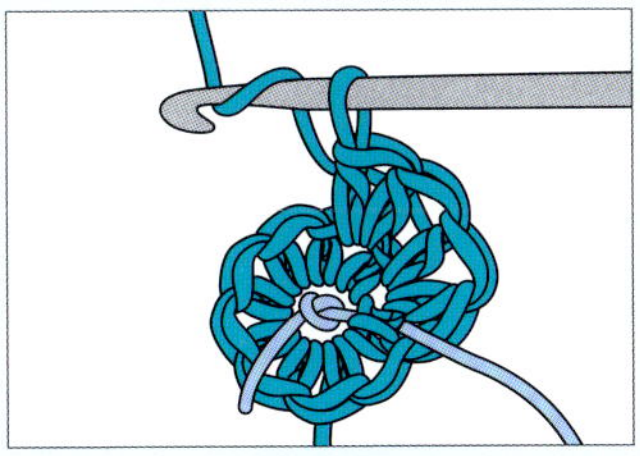

Wie in der Anleitung beschrieben die 2. Runde häkeln.

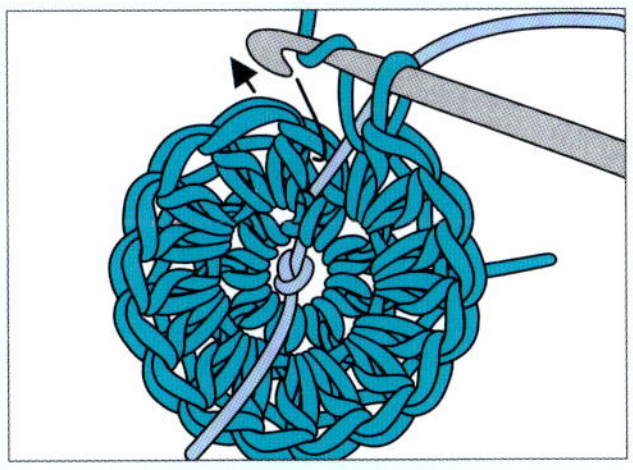

Am Rundenübergang den Markierungsfaden im Wechsel nach vorne bzw. nach hinten legen und entsprechend der Anleitung weiterarbeiten. Nach Beenden der Arbeit den Markierungsfaden herausziehen.

Farbwechsel beim Häkeln in Spiralrunden und Reihen

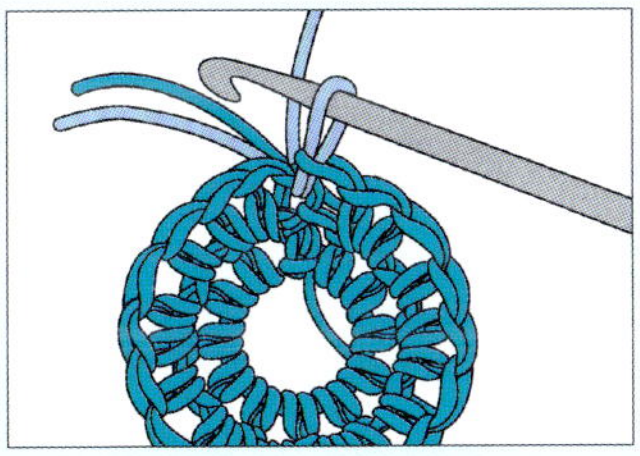

Um einen exakten Farbübergang zu erreichen, bereits die letzte Schlinge der letzten Masche der Vorrunde in der neuen Farbe häkeln. Bei einem Farbwechsel innerhalb der Reihe oder Runde ebenfalls die letzte Schlinge der letzten Masche der vorhergehenden Farbe mit der neuen Farbe häkeln.

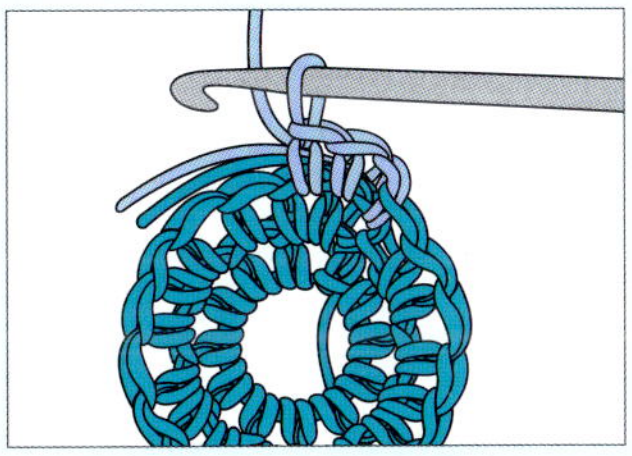

Bei Reihen beide Fadenenden auf die Maschenglieder der Vorreihe legen. Die folgenden 4–5 Maschen über die Fadenenden arbeiten. Dabei wie gewohnt feste Maschen häkeln, in deren Mitte die Fadenenden versteckt und fixiert werden. Überstehende Fadenenden abschneiden. Bei Runden die Fadenenden lediglich auf der Innenseite verknoten.

Wendeluftmasche

Wendeluftmaschen werden wie normale Luftmaschen gearbeitet, implizieren jedoch ein Wenden der Arbeit und werden beim Zurückhäkeln stets übersprungen.

Kettmasche

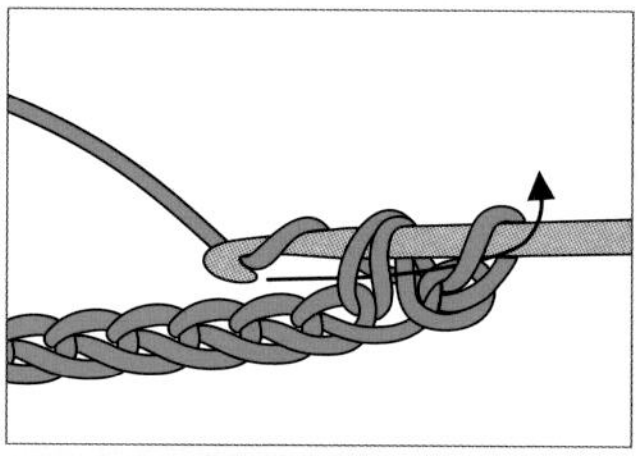

In die vorgesehene Masche einstechen, den Faden um die Nadel legen und diesen Umschlag durch alle Schlingen der Nadel ziehen.

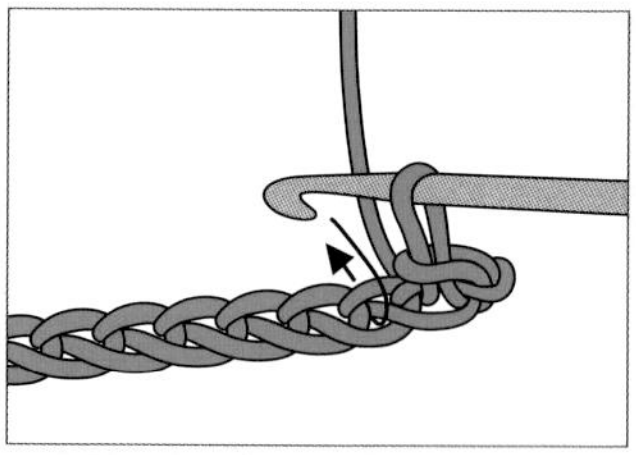

Die Kettmasche ist fertig.

Unsichtbares Zunehmen

Beim unsichtbaren Zunehmen arbeitet man die erste feste Masche nur in die vordere Maschenschlaufe und die zweite feste Masche dann wie gewohnt in beide Schlaufen gleichzeitig.

Achtung: Beim Häkeln in Reihen wird die erste feste Masche immer in die von außen sichtbare Maschenschlaufe gearbeitet. Pro Reihe wird also immer zwischen vorderer und hinterer Schlaufe gewechselt.

Unsichtbares Abnehmen

Beim unsichtbaren Abnehmen wird die Häkelnadel zunächst durch die vorderen Maschenschlaufen der folgenden zwei Maschen gestochen und der Faden dann durch beide Schlaufen gleichzeitig geholt. Der Faden wird dann wie gewohnt durch die beiden Fadenschlingen, die sich nun auf der Häkelnadel befinden, gezogen.

Achtung: Beim Häkeln in Reihen wird die Abnahme immer in die von außen sichtbaren Maschenschlaufen gearbeitet. Pro Reihe wird also immer zwischen vorderen und hinteren Schlaufen gewechselt. Zu beachten ist hier weiterhin, dass beim Häkeln in die vorderen Schlaufen die Häkelnadel erst in die übernächste und dann in die nächste Masche gestochen wird.

Halbes Stäbchen

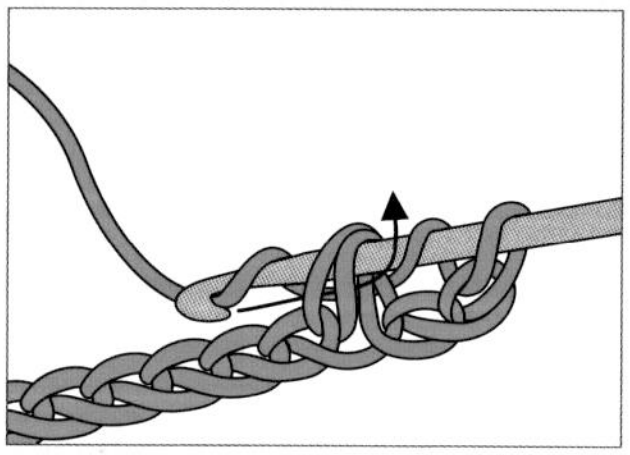

1 Umschlag um die Nadel legen, in die vorgesehene Masche einstechen. Den Faden holen und durchziehen. Es liegen nun 3 Schlingen auf der Nadel.

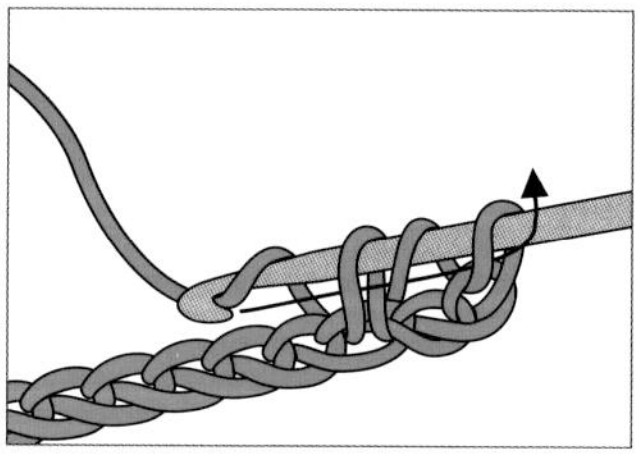

Den Faden nochmals holen und durch alle 3 Schlingen ziehen.

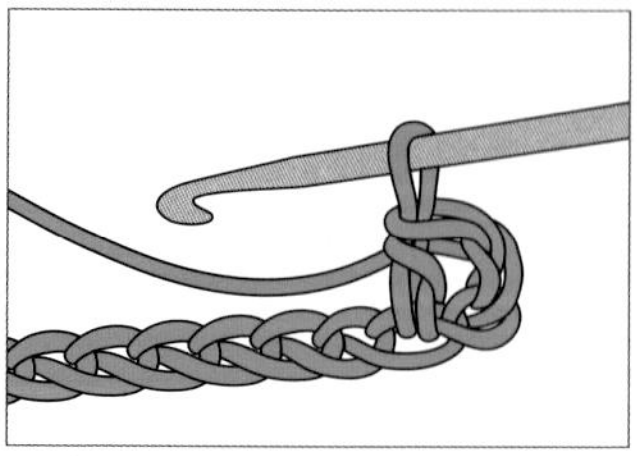

Das halbe Stäbchen ist fertig.

Stäbchen

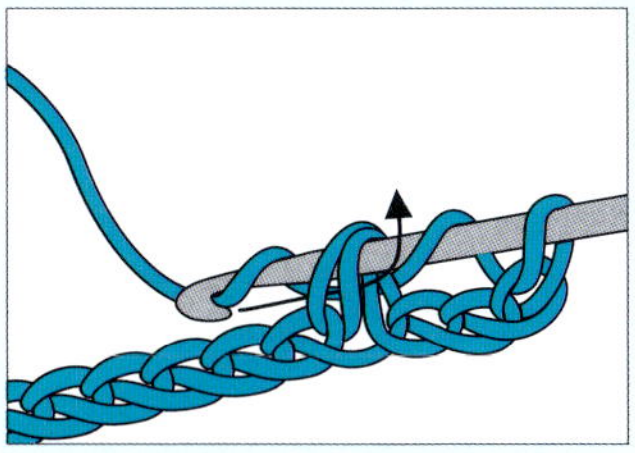

1 Umschlag um die Nadel legen und in die vorgesehene Masche einstechen. Den Faden holen und durchziehen. Es liegen nun 3 Schlingen auf der Nadel.

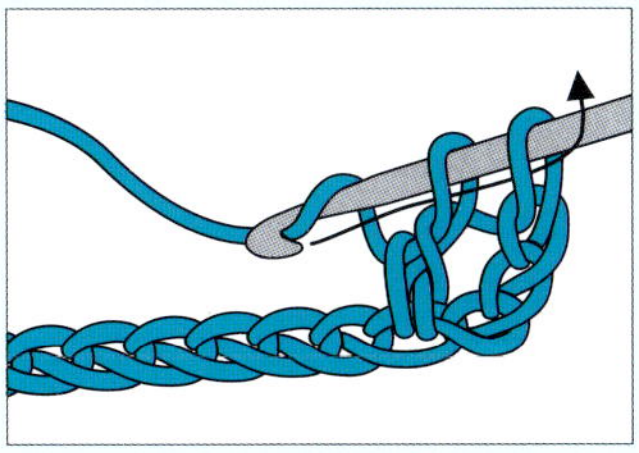

Den Faden erneut holen und durch 2 Schlingen der Nadel ziehen. Es liegen nun 2 Schlingen auf der Nadel.

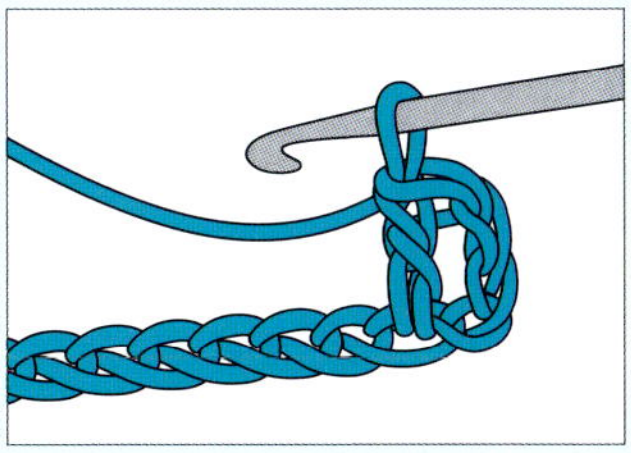

Den Faden nochmals holen und durch die restlichen 2 Schlingen ziehen. Das Stäbchen ist fertig.

Doppelstäbchen

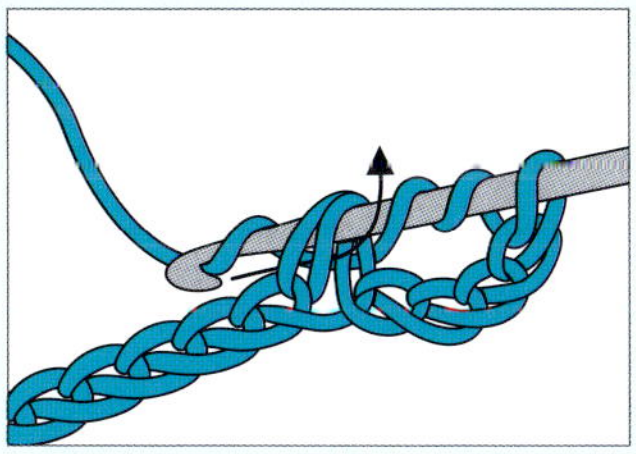

2 Umschläge um die Nadel legen und in die vorgesehene Masche einstechen. Den Faden um die Nadel legen. Diesen Umschlag durchziehen.

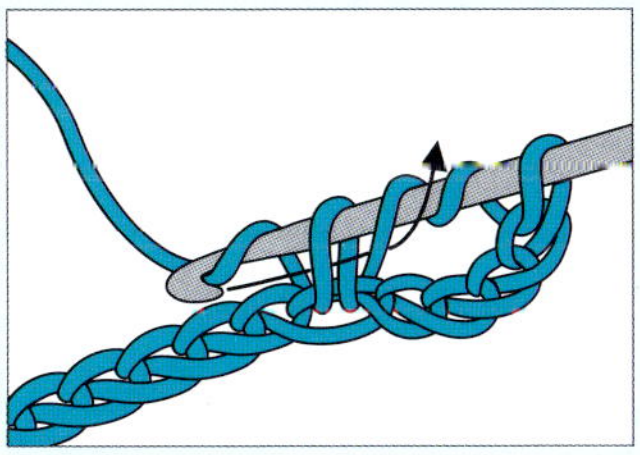

Es liegen nun 4 Schlingen auf der Nadel. Den Faden wieder um die Nadel legen. Diesen Umschlag durch 2 der 4 Schlingen ziehen.

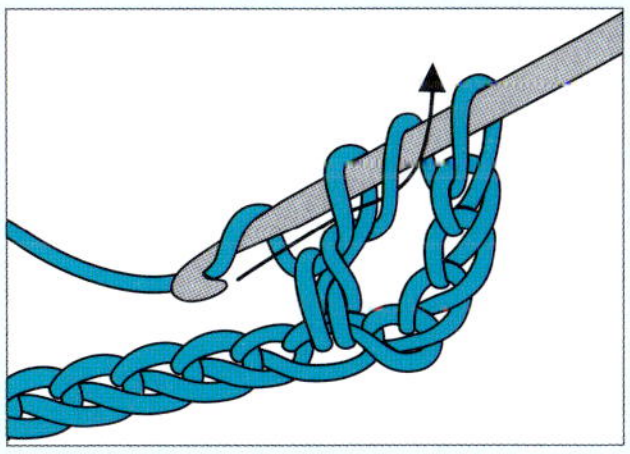

Es liegen nun 3 Schlingen auf der Nadel. Den Faden wieder um die Nadel legen. Diesen Umschlag durch 2 der 3 Schlingen der Nadel ziehen.

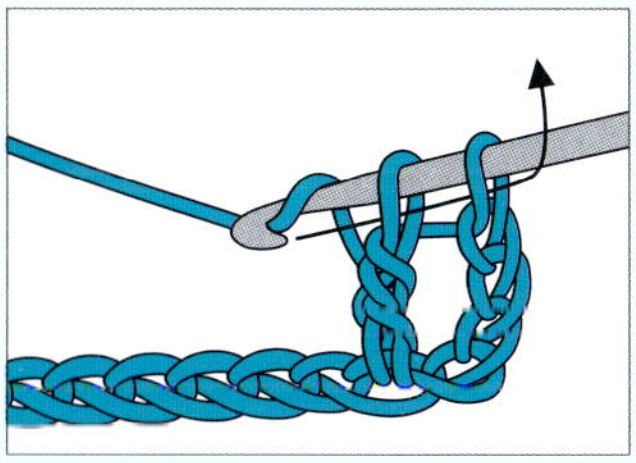

Den Faden noch einmal um die Nadel legen. Diesen Umschlag durch die letzten beiden Schlingen der Nadel ziehen.

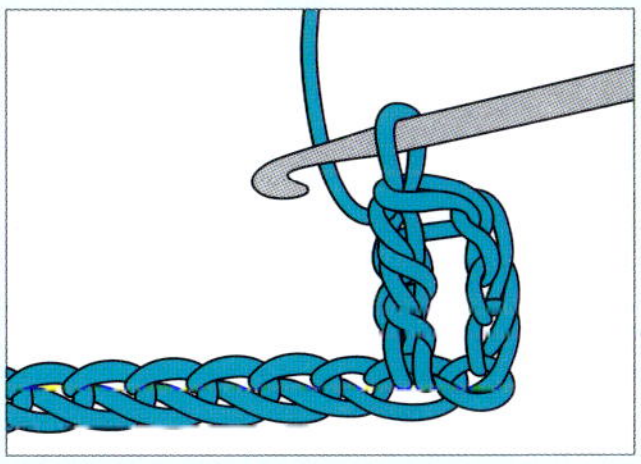

Das Doppelstäbchen ist fertig.

Arbeit beenden

Endet die Arbeit mit einer Luftmasche, schneidet man den Faden einfach ab und zieht das Fadenende aus der Luftmasche und dann fest.

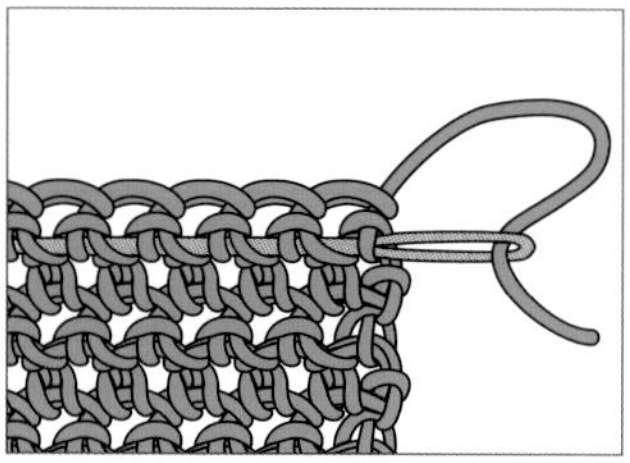

Falls angegeben, zum Vernähen das Fadenende in eine stumpfe Wollnadel fädeln und in die Randmaschen einziehen. Möglichst nicht durch das Garn stechen.

Endet die Arbeit mit einer Kettmasche, schneidet man den Faden ebenfalls ab und zieht ihn aus der Kettmasche. Danach fädelt man den Faden von vorne durch die folgende Masche und dann von oben wieder durch die Kettmasche (= durch die hintere Schlaufe). Damit dies besser hält, das Fadenende nun zusätzlich noch durch die hintere Schlaufe der Masche in der darunterliegenden Runde fädeln.

Abkürzungsverzeichnis

anschl.: anschlagen
Nd: Nadel
LM: Luftmasche(n)
WL: Wendeluftmasche
fM: feste Masche(n)
KM: Kettmasche(n)
hStb: halbes Stäbchen
Stb: Stäbchen
DStb: Doppelstäbchen
M: Masche
FW: Farbwechsel

verd: verdoppeln (2 fM in 1 M häkeln)
zus: zusammenhäkeln
Mg: Maschenglied
Rd: Runde(n)
R: Reihe(n)
(...) x2 / (...) x3 / (...) x4: Das in Klammern Geschriebene so oft wie angegeben wiederholen

Danke

Natürlich sind an so einem Buch immer zahlreiche Personen beteiligt, die ich leider gar nicht alle aufzählen kann.

Auf jeden Fall möchte ich den Christophorus Verlag, insbesondere Helgrid van Impelen und Xenia Kuczera erwähnen. Vielen Dank, dass ich dieses Projekt gemeinsam mit dem Verlag umsetzen konnte und mir das Projektmanagement so tatkräftig zur Seite stand! Ebenfalls bedanken möchte ich mich hier beim Lektorat, der Fotografin und dem Layout-Team, durch die mein Text noch etwas mehr Farbe bekommen hat.

Außerdem bedanke ich mich bei allen, die meine kreative Leidenschaft stets unterstützen und fördern, seien es Familienangehörige, Freunde oder Fremde in sozialen Medien oder Menschen im Zug, die ich für mein Handwerk begeistern konnte. Vielen Dank!

Für weitere Häkel-Ideen besucht mich gern auf meinem Instagram-Account!

Impressum

Autorin: Sonja Herberhold
Projektmanagement: Xenia Kuczera
Fotografie: Anne Schulz
Illustrationen: Sonja Hahn-Schmück
Lektorat: Anna Maier
Korrektorat: Christiane Gsänger
Satz: Sabine Vonderstein
Umschlaggestaltung: Mathias Frisch
Herstellung: Vanessa Brunner
Printed in Türkiye by Elma Basim

★★★★★

Sind Sie mit diesem Titel zufrieden? Dann würden wir uns über Ihre Weiterempfehlung freuen. Erzählen Sie es im Freundeskreis, berichten Sie Ihrem Buchhändler oder bewerten Sie beim Onlinekauf. Und wenn Sie Kritik, Korrekturen, Aktualisierungen haben, freuen wir uns über Ihre Nachricht an:
Christian Verlag, Postfach 40 02 09, 80702 München oder per E-Mail an lektorat@verlagshaus.de.

Unser komplettes Programm finden Sie unter

www.christophorus-verlag.de

Alle Angaben und Anleitungen sind mit größtmöglicher Sorgfalt zusammengestellt. Dennoch kann bei Fehlern keinerlei Haftung für direkte oder indirekte Folgen übernommen werden. Sollte dieses Werk Links auf Webseiten Dritter enthalten, so machen wir uns die Inhalte nicht zu eigen und übernehmen für die Inhalte keine Haftung.
In diesem Buch wird aus Gründen der besseren Lesbarkeit das generische Maskulinum verwendet. Weibliche und anderweitige Geschlechteridentitäten werden dabei ausdrücklich mitgemeint, soweit es für die Aussage erforderlich ist.

Die Deutsche Nationalbibliothek verzeichnet diese Publikation in der Deutschen Nationalbibliografie;
detaillierte bibliografische Daten sind im Internet über http://dnb.d-nb.de abrufbar.

Infanteriestraße 11a
80797 München

ISBN 978-3-8388-3923-3

Kreativ-Service

Sie haben Fragen zu unseren Büchern und Materialien? Wir beraten Sie gern rund um alle Kreativthemen. Rufen Sie uns einfach an. Wir interessieren uns auch für Ihre eigenen Ideen und Anregungen. Sie erreichen uns per E-Mail kreativ-service@c-verlag.de oder unter der Telefonnummer 0049-89-1306 99 577.